Think Green!
Love Lohas!

자연과 사람을 공경하는
당신이 아름답습니다!

인간과 지구는 함께 살아가는 동반자입니다.
살림로하스는 개인의 건강뿐만 아니라 사회의 건강, 자연의 건강을 추구합니다.
잘 먹고 잘 사는 웰빙을 넘어 인류와 지구를 생각하는 작지만 큰 실천을 담고 있습니다.
지구도 살고 인간도 사는 로하스 라이프!
작은 습관의 변화가 큰 변화를 만들어 냅니다.

| 일러두기 |

1. 먹을거리의 기본은 맛입니다. 몸에 좋은 먹을거리도 맛이 있어야 즐겁습니다.
   살림로하스는 좋은 재료 그 자체의 맛을 살리는 최소한의 레시피로 건강한 맛을 추구합니다.

2. 모든 먹을거리는 믿을 수 있는 재료로 만든 건강한 요리여야 합니다.
   살림로하스의 모든 레시피에는 몸에 좋지 않은 것은 아무것도 넣지 않아 걱정 없이 즐길 수 있습니다.

3. 요리는 즐거워야 합니다. 레시피에 얽매이다 보면 요리가 어렵게 느껴집니다.
   재료 중 준비하기 어려운 것은 비슷한 맛이 나는 것으로 대체하거나 넣지 않아도 괜찮습니다.
   좋아하는 재료를 더 넣어도 좋습니다. 살림로하스의 레시피를 가이드라인으로 삼아
   자기만의 요리 스타일을 살려 보세요. 단 요리 초보자라면 처음에는 레시피대로 하는 것이 좋습니다.

4. 이 책의 요리 재료는 모두 2인분을 기준으로 만들었습니다.

가뿐하게 즐기는 자연
하루 한 끼,
채식 한 그릇

김영빈

살림Life

에코人과 함께 만든 책!
먼저 읽어 봤어요!

권혜련 | 서울시 송파구 풍납동

'채식'을 대하는 주부들의 고민은 하나같이 '이것저것 빼면 뭐가 남아? 풀만 먹고 어떻게 살아간담?' 하는 거랍니다. 이 책은 그 질문에 대한 대답을 속 시원하게 해 주네요. 곡류, 콩류, 견과류, 종실류, 과일류까지 모두 아우른 풍성한 식단은 채식만으로도 충분히 다양한 음식을 만들어 낼 수 있다는 것을 알려 줍니다. 따라 하기 쉽고 다양한 레시피도 큰 장점입니다. 늘 냉장고에 잠자고 있는 익숙한 재료들로 이렇게 새로운 음식을 만들 수 있었네요. 이번 주말에는 가족과 함께 채식 브런치를 즐겨야겠습니다.

곽남희 | 경상북도 울진군 기성면

평소 채식 위주로 식사를 하고 있지만 손님이 올 때는 아무래도 고기 요리를 하게 되는 경우가 많았습니다. 그런데 이제는 한 그릇의 채식 요리로 색다르고 폼 나게 손님식탁을 차릴 수 있을 것 같아요. 책에 나온 대로 식사 후엔 커피 대신 참나물차 한 잔씩 대접하면 딱 이겠네요. 이 책이 정말 반가운 또 한 가지 이유는 모든 요리가 진정한 채식이라는 점입니다. 가족 중에 우유 알레르기가 있는 경우엔 채식이라 해도 우유, 치즈, 생크림 등이 들어간 것들은 똑같이 해 먹을 수 없어요. 그런데 이 책은 우유 대신 두유, 치즈 대신 두부치즈로 맛을 내서 알레르기 환자나 완전채식인들도 마음 놓고 해 먹을 수 있겠네요. 요리책에 나와 있는 요리를 그대로 다 해 먹어 볼 수 있는 책은 이 책이 처음입니다. 주변에 채식하는 사람들에게 들고 다니면서 추천하고 싶어요.

윤진아 | 경기도 용인시 죽전2동

막연히 '채식'을 해야지 하면서도 일상에 치여 제대로 차려 내지 못하는 매일의 채식 메뉴를 구체적으로 알려 줍니다. 구하기 힘든 재료도 없고 만드는 것도 어렵지 않으면서 일상적이어서 상당히 현실성 있는 요리책으로 느껴집니다. 채식에 대한 여러 정보는 물론 한식에 활용할 수 있는 알찬 팁이 많아 자주 찾아보게 될 것 같아요. 참, 면 요리 파트가 따로 마련된 점이 마음에 듭니다. 면 요리를 무척 좋아하는데, 채식만으로도 맛있는 면 요리를 즐길 수 있다는 건 미처 몰랐거든요. 여기에 나온 면 요리들은 꼭 한 번씩 만들어 먹어 봐야겠네요.

※ 「살림로하스」 원고 모니터링에 참여해 주신 한살림, 파주두레생협, 마포두레생협 조합원 100분께 감사드립니다.

들어가는 글
한 그릇의 채식은
가장 건강한 밥상입니다

매년 봄과 가을이면 큰 지갑을 옆구리에 찬 어머니가 리어카와 군인 아저씨까지 대동해 멀리 떨어진 진주 시내의 장에 나가곤 하셨습니다. 직업 군인이셨던 아버지의 부탁으로 부대의 봄·가을 행사에 쓸 음식거리를 장만하러 가시는 길이었지요. 그때 빠지지 않았던 것이 엄청난 양의 고기와 생선이었습니다. 젊은 군인 아저씨들에게 행사를 맞아 특별히 기름진 고기를 먹이는 것이 부대의 큰 일거리였습니다. 그런 일거리를 저희 어머니같이 요리 솜씨 있는 분들이 나누어 맡았던 것이지요. 어머니는 엄청난 양의 고기를 척척 재우고 지글지글 요리해 장병 아저씨들을 즐겁게 해 주곤 하셨습니다.

요리를 업으로 삼다 보니 매일의 먹을거리와 그것을 우리에게 주는 환경에 대해 많이 생각하게 됩니다. 신혼 초 멋들어진 서양 요리와 고기 요리를 남편에게 차려 주면서는 미처 몰랐던 것들을 요리를 본격적으로 공부하게 되면서 깨닫게 되었습니다. 전통식의 근간인 제철 음식으로 차린 채식이 건강하다는 것을 몸소 느끼게 된 것이지요.

이 책은 채식이 육식보다 우월하고 또 채식을 하지 않는 이는 자연을 사랑하는 마음이 적은 사람이라고 비난하려 쓰인 책이 아닙니다. 채식도 여러 가지 식단 중 한 패턴이며 단순히 풀만 먹는 부족한 식단이 아니라는 것을 알리기 위한 책입니다. 더불어 한 그릇으로 쉽고 간단하게 채식을 즐기는 법을 널리 알리는 책이기도 합니다.

모든 음식을 채식으로 즐기려면 굳은 마음가짐이 필요합니다. 하지만 하루에 한 끼, 반찬도 필요 없이 한 그릇 뚝딱이라면 훨씬 가깝게 느껴지지요. 식재료도 많이 필요 없습니다. 주재료 두세 가지만 있으면 한 끼 걱정은 접어 두고 가뿐하게 즐길 수 있는 요리들만 수록했으니까요. 채소를 손질할 시간도, 제대로 차릴 여유도 없는 요즘 주부들을 위해 요리법도 대폭 간소화했습니다. 아침에 좋은 초간단 요리부터 귀찮을 때 먹는 면 요리, 포만감을 주는 밥과 죽 요리, 그리고 특별한 주말에 별미로 즐길 수 있는 요리까지 모두 한 그릇에 간단하고 소박하게 담아냈습니다. 맛없고 단조로울 거라는 채식에 대한 고정관념에서 벗어나, 맛있고 다양하게 채식을 즐기는 법을 알아가는 것은 어떨까요.

오늘부터 당장 고기와 생선을 모두 갖다 버리고 서걱거리는 채소와 질긴 통곡식을 먹을 필요는 없습니다. 자신의 생활방식과 리듬에 맞추어 다양한 방법으로 채식을 접하기만 하면 됩니다. 너무 어려워 마세요. 조급한 마음도 갖지 마세요. 그 옛날, 엄마와 할머니가 해 주셨던 밥상을 떠올리며 소박한 밥상과 함께 채식을 즐기다 보면 먼저 몸이 반응하고 나아가서는 환경도 건강해질 것입니다.

김영빈

한눈에 보는 레시피

아침으로 좋은 초간단 채식 한 그릇

땅콩된장구이주먹밥 034

표고버섯조림초밥 037

양배추절임호두비빔밥 038

톳볶음밥 041

두유고구마수프 042

미역연두부수프 045

콩나물된장국밥 046

취나물차즈케 049

두부마요네즈사과감자샐러드 050

율무보리샐러드 053

모자란 듯 넘치는 채식 면 한 그릇

채식골동면 060

매실청오이물냉면 063

배추사과겉절이비빔면 064

오이수제비콩국 067

메밀소면새싹롤 068

표고육수메밀온면 071

버섯쌀국수볶음 072

아욱고추장감자칼국수 075

콩나물짬뽕과 콩나물장조림 076

쑥두부크림소스파스타와 쑥두유티 078

반찬이 필요 없는 별미 밥 한 그릇, 죽 한 그릇

근채볶음덮밥 082

단호박고구마밥 085

유부시래기밥 086

연근연잎쌈밥 089

무말랭이취영양밥 090

마율무죽 093

하수오호두흑임자죽 094

대추콩죽 097

보리두유죽 098

표고장국죽 101

온 가족이 즐기는 별미채식 한 그릇

양배추감자로스티 108

새송이&가지스테이크 111

연근두부볼스파게티 112

두부숙주된장스테이크 115

잡곡밥채소그라탕 116

청경채죽순찜과 우리밀꽃빵 119

두부콩나물딤섬과 참나물차 121

찐고구마호두맛탕과 사과계피차 122

카레향단호박수프와 통밀팬케이트 125

contents
차례

CHAPTER 01
채식 한 그릇에 몸과 마음의 청정을 담다

- 012 몸과 자연을 살리는 길, 채식
- 014 채식을 위한 준비
- 016 바르게 먹는 만큼 맑아진다
- 018 편식은 채식의 적, 골고루 잘 먹자
- 020 기본 식재료, 잘 썰면 더 맛있다
- 024 채식 밥상 짝꿍, 젓갈 없는 채식 김치
- 028 채식 요리를 특별하게 만드는 소스

CHAPTER 02
아침으로 좋은 초간단 채식 한 그릇

- 034 땅콩된장구이주먹밥
- 037 표고버섯조림초밥
- 038 양배추절임호두비빔밥
- 041 톳볶음밥
- 042 두유고구마수프
- 045 미역연두부수프
- 046 콩나물된장국밥
- 049 취나물차즈케
- 050 두부마요네즈사과감자샐러드
- 053 율무보리샐러드

LOHAS Story | 바삭하게 즐기는 채소
- 054 햇살을 먹는다, 채소 갈무리

CHAPTER 03
모자란 듯 넘치는 채식 면 한 그릇

- 060 채식골동면
- 063 매실청오이물냉면
- 064 배추사과겉절이비빔면
- 067 오이수제비콩국
- 068 메밀소면새싹롤
- 071 표고육수메밀온면
- 072 버섯쌀국수볶음

아욱고추장감자칼국수 075
콩나물짬뽕과 콩나물장조림 076
쑥두부크림소스파스타와 쑥두유티 078

CHAPTER 04
반찬이 필요 없는 별미
밥 한 그릇, 죽 한 그릇

근채볶음덮밥 082
단호박고구마밥 085
유부시래기밥 086
연근연잎쌈밥 089
무말랭이취영양밥 090
마율무죽 093
하수오호두흑임자죽 094
대추콩죽 097
보리두유죽 098
표고장국죽 101

친환경생활수기공모전 수상작 | 이진숙
옥수수와 함께 익어 가는 삶 102

CHAPTER 05
온 가족이 즐기는
별미채식 한 그릇

양배추감자로스티 108
새송이&가지스테이크 111
연근두부볼스파게티 112
두부숙주된장스테이크 115
잡곡밥채소그라탕 116
청경채죽순찜과 우리밀꽃빵 119
두부콩나물덤섬과 참나물차 121
찐고구마호두맛탕과 사과계피차 122
카레향단호박수프와 통밀팬케이크 125

믿고 살 수 있는 친환경 매장 126

CHAPTER 01

채식 한 그릇에
몸과 마음의 청정을 담다

바쁘다는 핑계로 대충 아무 음식이나 '한 끼 때우는 것'도 몸에 해롭지만
몸에 좋다는 음식을 과잉 섭취하는 것 또한 우리 몸을 해치는 일이다.
먹는 것이 풍부한 시대에 못 먹어서 생기는 병은 드물다. 우리는 '너무 잘 먹어서'
과도한 영양 불균형 상태에 있고 이 때문에 몸 이곳저곳이 고장 나고 있다.
이를 빨리 감지하고 치유를 시작하는 사람만이 건강한 생활을 즐길 수 있다.

몸과 자연을 살리는 길, 채식

채식주의는 '입맛 까다로운 사람'들의 유난스러운 이데올로기가 아니다. 깨끗하지 않은 환경에서 비인도적인 방법으로 길러지고 도살된 가축이나 각종 첨가물이 든 식재료를 먹는 것보다는 차라리 채소를 먹는 것이 건강에도, 그리고 환경에도 도움이 되기에 실천하자는 것이다. 자연친화적이고 아름다운 삶을 원한다면 지금부터라도 건강한 생활을 위협하는 육식으로부터 자유로워지자.

채식은 '진정한' 로하스 식단

채소와 과일을 조리에 이용하면 음식이 소박해진다. 그 재료들은 고기처럼 소화를 돕기 위해 이런저런 조리법을 사용할 필요가 없다. 육류의 냄새를 없애기 위해 향신료를 뿌릴 필요도 없다. 음식이 소박해지면 조리법이 단순화되고 소화가 잘 되며 화석 연료를 많이 사용하지 않아 자연도 더불어 건강해진다. 또한 기름진 요리가 줄어 설거지도 간단해지고 세제 사용도 줄어든다. 이처럼 채식을 한다는 것은 로하스적인 삶에 더욱 근접하게 되는 방법이다. 이제 채식은 각 개인의 기호에 따른 선택이라기보다 인류와 지구에 대한 사랑의 실천이라고 볼 수 있다.

채식으로 챙기는 풍부한 영양

채식이라고 해서 풀만 먹는 것이라고 생각하면 안 된다. 콩이나 호박 등의 채소에는 양질의 단백질이 들어 있으며 아몬드, 깨, 땅콩, 호두 등 여러 견과류에는 심장과 혈관을 건강하게 해 주는 성분이 풍부하게 들어 있다. 채식만으로도 얼마든지 몸을 건강하게 유지할 수 있다. 건강한 채식을 하는 사람들은 육식을 하지 않아도 영양학자들이 말하는 일일 영양소 섭취량을 충족시킬 수가 있다. 채식을 시작하고 얼마 안 되어 단백질 부족으로 인한 손 떨림이나 눈 떨림, 기력 없음 등을 호소하는 사람들이 있는데 쌀만을 주식으로 먹지 않고 두세 가지 잡곡에 식물성 단백질이 풍부한 콩을 섞어 먹으면 그런 증상들에서 자유로워질 수 있다.

채식도 재료 선택에 따라 종류가 다양하다

세계채식인연맹(IVU)의 정의에 따르면 "채식이란 소·돼지(포유류), 닭(가금류), 생선(어류)을 먹지 않는 것이며 경우에 따라 달걀과 우유는 먹을 수도 있다"라고 풀이된다. 이 정의에 따르면 채식이란 동물을 먹지 않고 식물을 먹는 것인데 채식의 정도와 기호도에 따라 여러 단계로 나눌 수 있음을 짐작할 수 있다. 가장 완벽한 채식은 달걀과 우유를 포함한 일체의 동물성 식품과 꿀마저도 섭취하지 않는 비건(vegan) 채식인이다. 이 외에 우유와 유제품은 어느 정도 먹는 우유(lacto) 채식인, 우유와 유제품, 달걀을 먹는 유란(lacto-ovo) 채식인, 우유, 유제품, 달걀, 생선까지 먹는 페스코(pesco) 채식인, 페스코가 먹는 것에 닭까지 먹는 세미(semi-반) 채식인으로 분류된다. 최근에는 수명을 다 해 땅에 떨어진 과일과 열매만을 먹는 급진적 채식주의자들도 있는데 이들을 프루테리언(fruitarian)이라고 한다.

한창 자라는 어린이나 임산부, 노인은 채식 금지?

부모가 채식을 시작하면 제일 신경이 쓰이는 것이 아이들이다. 어육류나 유제품을 먹지 않으면 성장발달에 문제가 될까 우려하는 것인데 채식의 범주 안에서 허용된 모든 식재료를 골고루 먹는다면 영양 불균형이나 영양소 부족 등은 걱정하지 않아도 된다. 오히려 첨가물이 과다한 음식을 먹지 않아 더욱 건강하게 자랄 수 있다. 소화력이 떨어지고 적게 먹어도 양질의 영양소를 공급받아야 하는 노인이나 태아의 올바른 성장을 위해 좋은 것을 먹어야 하는 임산부도 엽산이나 각종 미네랄이 풍부한 채식을 하는 것이 오히려 더 좋다.

채식을 위한 준비

채식을 결심했다고 해서, 어느날 갑자기 채식주의자로 변신할 순 없다. 개인적인 취향, 식성, 생활습관에 맞추어 적당한 방법을 선택해 점차 동물성 식품의 섭취를 줄이고 채식 비중을 늘려 가는 것이 좋다.

냉장고와 식품 저장고를 비워라

올바른 채식은 냉장고와 식품 저장고를 비우는 일부터 시작한다. 그동안 육식을 하면서 쌓아 두었던 갖은 어육류 냉동품들과 냉장고 한편을 차지하고 있는 가공 식품들, 각종 깡통과 인스턴트식품은 채식을 방해하는 먹을거리다. 너무 오랜 기간 냉동고와 냉장실에 있어 냉기를 머금은 식품들은 소화흡수에 방해가 되고 신선한 먹을거리의 맛을 떨어뜨리는 나쁜 식재료이다. 또한 깡통에 포장된 편리한 인스턴트식품들의 강한 맛은 채식을 실천하기 위해 혀를 순화하는 과정을 방해한다. 아깝다 생각하지 말고 비워라. 보지 않는 것이 가장 쉽게 끊을 수 있는 방법이다.

자연의 맛에 혀를 길들이자

자연과 환경을 위해 채식을 선택했든, 건강을 위해 채식을 선택했든 서걱거리고 풋내 나는 채소와 잡곡을 매일 먹는다는 것은 힘든 일이다. 맛있는 채식 식단을 차리는 일은 의외로 간단하다. 좋은 식재료를 구입하여 자연에서 온 양념들로 최소한의 간을 해서 먹는 것이다. 과도하게 정제한 설탕 대신 과즙의 단맛이, 고기의 누린내를 잡는 각종 소스보다는 천연 발효 간장이나 된장, 천일염이 훨씬 채식의 맛을 살리는 좋은 양념이 된다. 채식 재료로 만든 국이나 찌개 등에도 각종 맛이나 향을 더한 인공조미료보다는 버섯이나 다시마, 양파 등을 말려 만든 천연양념이 채식 본연의 맛과 향을 살린다.

부족하지만 골고루 먹어라

처음 채식을 실천하는 사람들은 마치 훈련이 잘 된 앵무새처럼 양배추는 위장질환에 좋고 브로콜리는 항암작용이 뛰어나며 콩은 여성호르몬이 풍부하다는 등 식품 백과사전 같은 지식을 술술 뱉어낸다. 물론 채식의 재료들은 각기 그런 효능을 갖고 있다. 하지만 위장질환이 있다고 양배추만 요리해 먹을 수 없고 폐경기 여성이라고 두부와 콩만 먹고 살 수는 없다. 결핍보다는 과잉이 건강에 더욱 문제가 된다. 채식의 한 단면만 보고 그것만을 부각해서 부족한 부분을 채우려 한다면 채식을 선택한 보람 없이 결국 몸의 균형이 깨지고 채식을 중단할 수밖에 없는 상황에 직면하게 된다. 그러니 한 가지 음식에 연연하지 말고 채식으로 채울 수 있는 영양의 균형을 최대한 맞추어 먹는 것이 좋다. 잡곡으로 만든 탄수화물 60%, 채소와 과일, 해조류 등에서 얻을 수 있는 비타민과 무기질 20%, 콩과 같은 식물성 단백질 10%, 칼로리는 낮고 몸에는 좋은 식물성 지방 10%의 비율로 골고루 먹되 어느 한 쪽에 치우지지 않고 과하게 먹지 않도록 한다.

식구들을 주방으로 불러들이자

채식을 시작하면 처음에는 먹을거리가 너무 적다는 생각을 갖게 된다. 특히 거의 모든 시간을 바깥에서 보내는 남편과 학생들은 더더욱 먹을거리에 제약을 받게 된다. 젓갈을 사용하지 않은 김치, 버터와 우유가 들어가지 않은 빵, 자극적이지 않은 천연조미료가 들어간 식당 음식과 급식 등이 존재하지 않는 한 채식을 하는 것은 스트레스를 유발하는 행위가 된다. 채식에 대해 부담스러워하는 식구들을 주방으로 불러 모아 음식을 만들고 먹는 즐거움을 함께 나누자. 물이 한창 오른 오이를 뚝뚝 잘라 만든 아빠표 오이무침과 손으로 얼기설기 찢은 아들표 상추겉절이, 과일소수가 듬뿍 들어간 딸아이표 샐러드 등을 만들면서 자연스레 채식과 친해지게 될 것이다. 직접 채식 먹을거리의 향을 맡아 보고 색깔과 모양을 구분하며 골라 보는 재미를 알게 하는 것도 좋은 방법이다. 바깥 음식의 강한 양념에 길들여져 느끼지 못했던 식품 고유의 맛을 즐기게 되면 채식의 즐거움뿐만 아니라 가족 간의 화목도 덤으로 따라오게 된다.

고기가 먹고 싶을 때는 대체 식품으로

모든 과정을 거쳤는데도 육식의 즐거움을 포기할 수 없다면 대체 식품을 찾아보는 것도 대안이 된다. 붉은색이 고운 비트로 고기의 붉은색을 내고 글루텐으로 고기 육질을 낸 밀고기나 소시지가 채식주의자를 위해 판매되고 있다. 이 밀고기나 소시지에 양념을 하여 먹으면 고기맛이 느껴져 고기에 대한 식욕을 해결할 수 있다. 하지만 채식을 하기로 결심했다면 쫄깃한 버섯이나 유부, 말린 묵 등으로 고기를 씹는 즐거움을 대신하는 것이 훨씬 바람직하며 건강에도 도움이 된다. 두부나 콩에 견과류를 곁들여 함께 갈면 유제품처럼 고소한 치즈나 두유도 만들 수 있다.

바르게 먹는 만큼 맑아진다

채식은 자연에서 난 것을 그대로 먹기 때문에 무엇보다 재료가 신선해야 한다. 따라서 좋은 재료를 선택하는 것이 매우 중요하다. 어떤 재료가 '좋은 식재료' 이고 또 어떻게 먹는 것이 '바르게 먹는' 것일까?

첫째, 제철 식재료를 선택하라

제철에 나는 식재료는 그 계절에 가장 적합한 영양소를 품고 자라난다. 봄나물에는 봄의 무기력함과 노곤함을 치유하는 비타민과 미네랄이 가득 들어 있고, 여름 채소와 과일에는 여름의 열기와 갈증을 식혀 주는 수분과 기운이 들어 있다. 갑작스러운 기온 변화로 감기와 몸살이 자주 나는 가을에는 폐와 목을 건강하게 해 주는 성분을 고루 함유한 가을의 뿌리채소와 알곡이 난다. 추위와 한기를 이길 수 있는 온기와 잔병치레에 대항할 수 있는 면역력을 키워 주는 것은 바로 겨울의 절임채소와 말린 채소, 과일이다. 겨울에는 굳이 온실에서 재배한 딸기나 봄나물 같은 것을 먹지 않아도 김치와 시래기만으로 비타민과 무기질을 충분히 공급받을 수 있다. 또 제철 채소와 과일을 먹으면 제철이 아닌 것들을 재배하기 위해 소모되는 에너지를 절약할 수 있고 농약의 사용을 줄일 수 있어 환경에도 이바지할 수 있다.

둘째, 우리 땅에서 자란 것이 건강하다

한 민족의 식문화가 그 민족의 유전인자에 가장 적합하게 발전되어 왔다면 그 민족의 식문화에 맞는 먹을거리는 그 민족에게 가장 적합하고 건강한 식재료이다. 우리 몸속에는 겨울 과일이 없다고, 비싸다고, 굳이 바나나와 오렌지 같은 수입 과일을 먹지 않아도 건강하게 지낼 수 있는 면역인자가 내재되어 있다. 물론 설탕이나 식용유처럼 우리 땅에서 나지 않는 것들까지 우리 것을 고집할 수는 없지만 대체 식재료를 구할 수 있는 것들은 우리 땅에서 자란 것으로 대체하여 선택하도록 한다.

셋째, 식재료 전체를 먹는다

한 가지 식품에 함유되어 있는 영양소를 고루 섭취하기 위해서는 식재료의 대부분을 섭취하는 전체식을 하도록 한다. 곡식은 정제하지 않은 통곡물을 거친 형태 그대로 먹고 채소나 과일류도 껍질째 먹는 것이 좋다. 식재료는 저마다 단백질, 탄수화물, 비타민 등의 영양소 외에 기(氣)나 에너지를 갖고 있는데, 통째로 먹어야 그 기운을 모두 섭취할 수 있기 때문이다. 껍질은 껍질대로 과육은 과육대로 저마다의 역할이 있으니 식재료 전체를 섭취하는 게 좋다. 무나물이나 무국, 무김치를 조리할 때 무의 껍질을 벗겨 내면 무의 비타민과 무기질을 거의 다 버리는 셈이다. 사과나 단감의 껍질에는 과육보다 비타민이나 펙틴이 많이 들어 있다. 우리가 쓰레기로 치부하여 버리는 껍질과 씨의 언저리 부분에 더 많은 영양소가 함유되어 있고 또 그것을 고루 먹어야 소화흡수가 더 잘되는 경우가 대부분이다. 하지만 이러한 사실을 알면서도 먹기 껄끄러워 버리는 사람도 많다. 식재료 전체를 먹어 음식물 쓰레기도 줄이고 지구도 살리면서 각종 영양결핍으로 병들고 있는 몸도 챙기자.

넷째, 궁합에 맞게 먹는다

냉한 채소를 즐겨 먹는 사람들은 고추나 생강 같은 따뜻하고 매운 채소를 먹어야 속이 따뜻해져 소화가 잘되고 냉증에 걸리지 않는다. 감자나 곡식 같은 탄수화물을 즐겨 먹는 사람들은 우엉이나 연근 같은 섬유질이 풍부한 음식을 같이 먹어야 소화흡수가 잘된다. 카로틴이 풍부한 붉은색이나 노란색 채소를 즐겨 먹는 사람들은 고소하고 쌉쌀한 견과류를 함께 먹어야 카로틴의 소화흡수를 도울 수 있다. 식물성 단백질인 두부를 즐겨 먹는 사람들은 질기고 미끈거리는 미역이나 다시마 같은 해조류를 같이 먹어야 요오드 소모로 인한 영양 균형을 맞출 수가 있다.

편식은 채식의 적, 골고루 잘 먹자

입에 맞는 음식 하나를 찾으면 그것만 편식하는 사람들이 있다. 특히 채식을 하다 보면 입에 쓰거나 질긴 식재료를 멀리하는 경향이 생기는데 이런 식습관은 건강에 좋지 않다. 전체식이 영양가가 높듯 음식의 맛과 풍미, 질감에 따라 골고루 먹는 것이 소화흡수를 돕고 건강에 좋다.

곡류와 콩류

쌀, 찹쌀, 현미, 흑미, 율무, 조, 수수, 기장, 보리, 팥, 흰콩, 청태, 완두콩, 강낭콩, 검은콩, 서리태 등 종류가 많아 선택의 폭이 넓다. 개인의 기호나 소화기 및 치아 상태에 따라 적절히 선택해서 2~3가지를 혼합해서 먹는 것이 가장 좋다.

잡곡류는 거의 도정이 덜 된 거친 상태로 판매되기 때문에 표면에 잔류하고 있는 농약이나 기타 약품들을 잘 씻어 내야 한다. 잡곡은 특히 우리 땅에서 유기농이나 무농약으로 자란 것을 선택하고 충분히 씻어서 섭취하도록 한다. 우리 땅에서 난 것은 형태가 온전한 것이 많고 가루 같은 것이 덜 묻어 있으며 잘고 야무지게 생긴 것들이 많다.

견과류

호두, 잣, 땅콩, 흰깨, 검은깨, 밤, 은행, 도토리, 해바라기씨, 호박씨 등이 있다. 캐슈너트나 마카다미아, 아몬드 같은 수입 견과류를 선호하는 사람들이 있지만 우리 몸에는 아무래도 우리 땅에서 나고 자란 우리 견과류가 더 잘 맞는다.

동물성 지방은 나쁜 지방을 축적하여 혈관계 질환을 유발하지만 견과류의 풍부한 식물성 지방은 축적된 동물성 지방을 배출하는 작용을 한다. 식물성 지방을 충분히 섭취하면 동물성 지방을 섭취할 필요가 없다. 우리 땅에서 난 것이라고 해도 껍질이 다 벗겨지거나 볶은 것은 지방이 산패될 우려가 있으니 될 수 있으면 껍질이 있는 것으로 소량씩 구입해 빨리 소비하는 것이 좋다. 국내산은 수입산에 비해 크기가 잘고 아무지게 생긴 것이 많고 껍질 색이 진한 편이다.

채소류

상추, 깻잎, 치커리, 양배추, 배추, 시금치 등의 잎채소(엽채류)와 샐러리, 고운대, 머위대, 고구마대 등의 줄기채소(경채류), 마, 연근, 무, 우엉, 당근 등의 뿌리채소(근채류), 수박, 토마토, 오이, 호박 등의 열매채소(과채류), 브로콜리, 콜리플라워 등의 꽃채소(화채류), 파, 마늘, 달래, 허브 같은 향채소(향채류), 표고, 새송이, 느타리, 팽이, 석이, 목이, 능이, 싸리 등의 버섯류 등이 있다.

열을 발산하기 위해 넓은 잎을 가진 잎채소는 주로 성질이 차갑고 열을 식히는 작용을 하는 것이 많다. 서로 겹쳐두면 잘 물러지므로 다량을 보관할 때는 물을 뿌리지 말고 젖은 신문지나 키친타월에 싸서 보관한다.

줄기를 먹는 줄기채소는 열매나 잎을 먹기 때문에 주로 추수가 끝난 가을날에 먹는다. 조리하기 전에 살짝 데쳐서 부드럽게 한 후 조리한다.

뿌리채소는 땅 위로 올라온 줄기 부분은 성질이 찬 데 반해 땅속의 뿌리는 주로 성질이 따뜻하거나 평온한 것들이 많고 주로 가을이나 겨울에 볼 수 있다. 손질된 것 말고 흙이 묻어 있는 것을 구입하되 신문지나 키친타월에 싸서 건냉한 곳에 보관한다.

종자와 열매를 식용으로 하는 것을 열매채소라고 하는데 과일인지 채소인지 헷갈리는 채소들이 주로 여기에 속한다. 토마토, 오이, 호박 등의 열매채소는 과육이 단단하고 색이 진한 것이 좋다. 꼭지가 지나치게 말라 있는 것은 비타민이나 수분 함유량이 많이 떨어지므로 고를 때 주의하도록 한다.

브로콜리, 콜리플라워 등의 꽃채소는 냉장고에 오래 두면 까맣게 변색되거나 꽃이 지나치게 펴서 풍미가 없다. 식구 수에 맞춰 적당한 크기의 농산물을 구입해 빠른 시일 안에 먹도록 한다.

향이 나는 채소는 가족의 기호나 식성에 따라 구입을 신중하게 생각해야 한다. 몸에 좋아도 가족들이 싫어하는 향이 나면 음식의 섭취 자체를 거부하게 되므로 오히려 편식을 조장할 수 있다.

버섯류는 모양이 잘 잡히고 단단하며 표면에 희거나 노란 포자 혹은 곰팡이가 피지 않은 것을 골라야 한다. 스펀지 구조라 친환경 제품이나 유기농 제품으로 구입하여야 농약이나 기타 약품의 섭취를 줄일 수가 있다. 마른 것을 구입할 때는 색이 밝고 모양이 온전한 것을 골라 구입하도록 한다.

오이, 당근, 무 등 껍질이 두껍고 단단한 채소는 소금에 문질러 두었다가 잘 씻어 내야 농약의 피해를 줄일 수 있다. 브로콜리, 콜리플라워, 치커리, 셀러리처럼 모양이 복잡하고 골이 진 것들은 숯이나 식초, 베이킹소다를 탄 물에 15분 정도 담가 두었다가 흐르는 물로 잘 씻어 낸다. 소금으로 문질렀을 때 상처가 나는 과일이나 채소들은 베이킹소다를 뿌려서 문지른 후 흐르는 물에 잘 씻는다. 혹은 숯을 푼 물이나 식초를 푼 물에 담가 두었다가 씻는다.

과일류

딸기, 사과, 귤, 배, 수박, 금귤, 참다래, 복숭아, 포도 등의 과일은 채식을 하면서 자연스레 멀어지는 과자나 빵의 단맛을 충분히 대신할 만하다. 일주일 안에 먹을 만큼만 사서 물러지거나 상하여 버리는 일이 없도록 한다.

우리 땅에서 난 제철과일을 골라 껍질째 잘 씻어서 먹는 것이 비타민이나 무기질을 효율적으로 섭취할 수 있어 좋다. 마지막 헹굼물에 식초를 한 방울 떨어뜨려 씻으면 농약이나 잔류 약품의 피해를 줄일 수 있다.

믿을 만한 유기농이나 친환경으로 재배된 식재료라면 괜찮지만 그렇지 못한 경우도 있다. 이럴 때는 베이킹소다나 소금, 식초, 숯 등을 사용해 보자. 산성인 농약은 알칼리성인 베이킹소다나 식초에 중화된다. 음양이론에 따르면 농약은 음성이며 양성인 소금은 농약을 중화시키는 작용을 한다. 숯은 미세입자가 오염물질을 끌어당기는 역할을 해 농약이나 환경호르몬을 흡착한다.

해조류

미역, 다시마, 김, 톳, 파래, 모자반, 우뭇가사리 등이다. 제철의 싱싱한 것을 구해 먹는 것이 좋고 보관을 위해 마른 것을 구입했다면 건조한 곳에 보관하도록 한다. 굽거나 튀긴 가공 해조류도 산패의 위험이 있으니 너무 많은 양을 구입하지 않도록 한다.

빛깔이 짙고 윤기가 나며 탄력이 있는 것, 바다향이 나며 코나 점액질이 없는 것이 싱싱하고 좋은 것이며, 건조 제품은 불순물이나 잡티 없이 잘 마른 것을 고른다.

기본 식재료, 잘 썰면 더 맛있다

제한된 재료로 채식 요리를 하다 보면 '맛없다'는 말이 절로 나온다. 하지만 각 재료를 어떻게 써느냐에 따라 맛이 달라진다는 사실을 아는지? 식재료들의 무궁무진한 변신을 가능케 하는 써는 법에 대해 알아보자.

감자 기본

기본 | 껍질을 깎고 싹을 도려 낸 후 찬물에 담가 녹말을 제거하고 갈변을 막는다.
채썰기 | 볶음이나 구이를 할 때 좋은데, 채를 썬 뒤 물에 헹구어 녹말을 충분히 제거하고 조리한다.
반달썰기 | 국이나 찌개에 넣을 때 좋다. 찬물에 담그거나 헹구어 녹말을 제거하고 넣어야 국물 맛이 깔끔하다.
삼각썰기 | 조림이나 찜 등에 좋다. 썰린 모서리를 둥글려서 사용해야 조리거나 찌는 동안 부서지지 않는다.
깍둑썰기 | 볶음이나 조림 요리, 감자밥을 지을 때에 좋다. 역시 녹말을 제거하고 사용한다.

오이 돌려 깎기

기본 | 굵은소금으로 문질러 씻은 후 돌기를 제거하고 사용한다.
채썰기 | 다른 재료와 함께 곁들이는 샐러드나 생채에 좋다. 씨가 너무 굵은 것은 저며 내고 사용한다.
돌려 깎아 채썰기 | 구절판이나 밀쌈 등 정갈한 한식 요리에 사용된다. 6~7센티미터 정도, 한 번에 칼을 돌릴 수 있을 정도로 잘라 칼을 살살 밀어 가며 돌려 깎고 채 썬다.
동그랗게 썰기 | 오이만을 가지고 생채를 할 때 좋다. 소금물에 담가 절이거나 소금을 약간 뿌려 절였다 사용하면 아삭아삭하다.
어슷썰기 | 생채나 볶음 등에 좋다. 오이를 길게 갈라 어슷어슷 써는데 씨가 너무 굵으면 저며 내고 사용한다.
골패썰기 | 샐러드나 무침 등에 좋다. 오이를 5~6센티미터 길이로 썬 뒤 반으로 갈라 직각 방향으로 썬다.
삼각썰기 | 오이를 간장에 살짝 볶은 오이장과나 고추장을 넣고 끓인 찌개인 오이감정 등에 사용된다. 오이를 길게 놓고 세모로 돌려 가며 칼질한다. 가열해도 쉬 무르지 않도록 도톰하게 썬다.

양배추 기본

기본 | 겉잎을 떼어 내고 한 장씩 뜯어서 씻은 후 사용한다.
채썰기 | 생채나 샐러드, 전을 부칠 때 좋다. 두꺼운 심 부분을 잘라 내고 여러 장을 겹쳐 놓고 곱게 채 썰어 사용한다.
골패썰기 | 볶음이나 무침 등에 사용한다. 여러 장을 겹쳐 놓고 용도에 맞게 잘라 볶기 직전까지 찬물에 담가 두면 아삭아삭하게 볶을 수 있다.
삼각썰기 및 사각썰기 | 피클이나 김치를 담글 때 좋다. 한 장씩 떼어지지 않는 속 부분을 원하는 크기로 잘라 소금에 절였다가 사용한다.
손으로 뜯기 | 샐러드나 샌드위치를 쌀 때 좋다. 심이 없이 얇은 부분을 골라 사용하고, 조리 직전까지 찬물에 담갔다가 수분을 제거한 다음 손으로 살짝 눌러 사용한다.

당근 — 동그랗게 썰기

기본 | 박박 문질러 씻은 뒤 칼 끝이나 얇은 숟가락으로 표면을 긁어 사용한다.

채썰기 | 샐러드나 생채, 볶음, 튀김 등에 좋다. 섬유질 방향에 맞추어 곱게 썰어 사용한다.

돌려 깎아 채썰기 | 구절판이나 밀쌈 등 정갈한 한식 요리에 사용된다. 6~7센티미터 정도, 한 번에 칼을 돌릴 수 있을 정도로 잘라 칼을 살살 밀어 가며 돌려 깎는데 오이보다 섬유질이 질기므로 특별히 주의한다.

동그랗게 썰기 | 생채나 볶음, 피클 등에 좋다. 아이들 요리에는 꽃 틀이나 나뭇잎 틀로 찍어서 사용해도 좋다.

어슷썰기 | 생채나 볶음 등에 좋다. 당근을 길게 잘라 어슷어슷 썬다.

골패썰기 | 샐러드나 무침, 볶음 등에 좋다. 당근을 5~6센티미터 길이로 썬 뒤 반으로 갈라 직각 방향으로 썬다.

삼각썰기 | 조림, 찜 등에 사용된다. 모서리를 둥글려서 사용해야 조리는 도중 물러지지 않는다.

무 — 반달썰기

기본 | 채소 전용 솔이나 수세미로 깨끗이 문질러 씻어 사용한다.

채썰기 | 생채나 숙채에 사용된다. 섬유질 방향으로 썰면 아삭하고, 섬유질 반대로 썰면 부드럽다.

반달썰기 | 조림이나 찜 등에 좋다. 껍질을 함께 사용하면 덜 부스러지고, 껍질을 깎아 내면 간이 잘 배고 깔끔하다.

삼각썰기 | 조림이나 찜, 탕 등에 좋다. 썰린 모서리를 둥글려서 사용해야 조리거나 찌는 동안 부서지지 않는다.

깍둑썰기 | 깍두기나 피클 등을 담글 때 좋다. 동그랗고 도톰하게 썬 후 두세 개 겹쳐 놓고 원하는 크기로 자른다.

나박썰기 | 김치를 담그거나 국이나 찌개에 넣을 때 좋다. 폭 2.5센티미터에 길이 4센티미터 정도의 직사각형 모양으로 썬 뒤 5밀리미터 정도 두께로 썬다.

비져썰기 | 김치나 탕에 넣을 때 좋다. 무를 들고 연필을 깎듯이 얇게 저미듯이 썬다.

대파 — 통썰기

기본 | 겉껍질과 뿌리, 시든 잎을 잘라 내고 잘 씻어 사용한다.

채썰기 | 국이나 찌개, 조림, 볶음의 고명 등으로 좋다. 대파를 5~6센티미터로 잘라 칼집을 넣고 속대를 뺀 후 곱게 채 썰어 찬물에 담갔다가 건진다.

어슷썰기 | 국이나 찌개의 고명으로 좋다. 손질한 대파를 도마에 길게 뉘어 놓고 원하는 두께로 어슷하게 썬다.

송송썰기 | 국이나 찌개, 찜 등에 사용된다. 손질한 대파를

도마에 길게 뉘어 놓고 원하는 크기대로 동그랗게 썬다.
통썰기 | 찜, 조림, 구이 등에 메인으로 사용된다. 5~6센티미터 길이로 통으로 썰어 사용한다.

 대파 잎 손질하기
요리에 넣으면 진이 나오고 매운맛이 나 잘 사용하지 않지만 대파 잎을 송송 썰어 면포에 싸서 수돗물에 문지르며 씻으면 푸른 대 부분에 있는 점액 성분이 빠져 섬유질이 부드러워지므로 생으로 먹어도 좋다. 흰 대를 손질할 때도 같은 방법으로 하면 된다.

다지기

기본 | 껍질을 벗기고 뿌리 끝과 줄기 끝을 잘라 내고 사용한다.
채썰기 | 샐러드, 생채, 무침, 볶음, 국이나 찌개에 다양하게 사용한다. 양파를 반으로 갈라 속대를 빼고 결 방향으로 칼을 넣고 썬다.
반달썰기 | 조림이나 찜, 스키야키 등에 사용된다. 반으로 가른 양파를 직각 방향으로 도톰하게 썬다.
다지기 | 소스나 양념, 볶음 등에 사용된다. 반으로 가른 양파를 가로세로로 잘게 써는데 밑동이 잘리지 않게 주의한다. 양파의 양쪽을 손으로 단단히 고정하고 잘게 썰어 간다.
골패썰기 | 골패썰기는 폭 1센티미터에 길이 3센티미터 정도의 직사각 모양으로 써는 것으로 음식의 멋을 더하는 고명을 만들거나 무침, 볶음, 생채 등을 만들 때 사용된다. 반으로 가른 양파의 속대를 빼고 겹을 벗긴 뒤 원하는 모양과 크기로 자른다.
정사각썰기 | 무침, 볶음, 생채 등에 사용된다. 반으로 가른 양파의 속대를 빼고 겹을 벗긴 뒤 원하는 모양과 크기로 자른다. 생채에 넣을 경우 찬물에 담가 매운맛을 빼고 사용한다.
원형썰기 | 조림이나 튀김 등에 사용한다. 껍질을 벗긴 양파를 원하는 두께로 잘라 사용한다.

마늘

기본 | 쓴맛이 나는 꼭지를 잘라 내고 껍질을 벗기고 사용한다.
편썰기 | 볶음, 구이, 조림 등에 사용한다. 직각 방향으로 썰거나 결대로 썰어 사용한다.
채썰기 | 볶음, 조림 등에 쓴다. 편을 썬 후 겹쳐 놓고 곱게 채 썬다.
다지기 | 무침, 볶음, 조림, 소스, 국이나 찌개에 다양하게 사용한다. 채 썬 마늘을 직각 방향으로 썰고 곱게 다진다.
눌러쓰기 | 주로 볶음에 사용된다. 껍질을 깐 마늘을 도마에 놓고 칼등으로 탁 쳐서 사용한다.

채식 밥상 짝꿍, 젓갈 없는 채식 김치

채식을 즐기다 보면 '재료가 다 거기서 거기, 맛도 그 맛이 그 맛'이라는 생각에 입맛을 당기는 다른 요리 생각이 간절해진다. 이때 입맛 살리는 김치 한 종류만 있어도 밥맛이 달라진다. 채식 김치는 우리 음식 중 가장 기본적인 반찬이면서, 채식을 더 맛있게 즐기게 해 준다.

채식깍두기

|재 료|
무 1개, 굵은소금 1큰술, 유기농 설탕 1작은술, 미나리 50g, 갓 50g, 쪽파 100g, 대파 1줄기, 고춧가루 1컵, 매실청 1/2컵, 다진 마늘 2큰술, 다진 생강 1큰술, 국간장 4큰술, 굵은소금 1큰술

|만들기|
1. 무는 솔로 문질러 씻은 후 사방 3센티미터 크기로 깍둑썰기하고 무청은 3센티미터 길이로 잘라 굵은소금과 설탕에 버무려 재운다.
2. 미나리, 갓, 쪽파는 4센티미터 길이로 썰고 대파는 4센티미터 길이로 어슷하게 썬다. 대파는 속대공이를 빼고 넣어야 진액이 나오지 않는다.
3. 물기를 뺀 무와 무청에 고춧가루 1/2컵으로 고춧가루 물을 들인 후 고춧가루 1/2컵, 매실청, 다진 마늘, 다진 생강, 국간장, 굵은소금으로 양념을 만들어 버무린다.
4. 3에 미나리, 갓, 쪽파, 대파를 넣고 버무려 밀폐용기에 담고 우거지로 덮은 다음 이틀 정도 익히고 냉장 보관한다.

채식총각무김치

|재 료|
총각무 1단(2kg 정도), 쪽파 100g
절임물 물 5컵, 소금 3/4컵
양념 국간장 1/3컵, 고춧가루 1컵, 찹쌀 풀(찹쌀가루 2큰술, 물 1컵), 매실청 1/3컵, 다진 마늘 2큰술, 다진 생강 1/2큰술, 굵은소금 1큰술
김칫국물 다시마물 1과 1/2컵, 소금 1큰술, 고춧가루 1/2큰술

|만 들 기|

1 총각무는 떡잎을 다듬고 깨끗이 씻어 절임 물에 1시간 정도 절인 후 두세 번 헹군다.
2 쪽파는 5센티미터 길이로 썬다.
3 찹쌀 풀을 끓여 식힌 후 나머지 양념을 고루 섞어 김치 양념을 만들고 쪽파를 넣고 살살 버무린다.
4 1에 양념을 고루 발라 두세 개씩 묶어 밀폐용기에 넣고 김칫국물을 만들어 붓는다. 이틀 정도 실온에 보관하여 익힌 후 냉장고에 넣고 먹는다.

총각무를 다듬을 때 무청을 너무 잘라 내면 김치에 시원한 맛이 없어지므로 억센 잎만 다듬고 연한 잎은 서너 개씩 남기는 것이 좋다. 무를 고를 때는 무청이 선명한 녹색을 띠고 무가 단단하며 심이 없는 것을 골라야 바람이 안 들고 지린 맛이 없다.

채식배추김치

|재 료|
배추 2통, 무 1/2토막, 갓 100g, 미나리 50g, 쪽파 100g, 물10컵, 굵은소금 1컵, 웃소금 1컵, 고춧가루 1과 1/2컵, 홍시(체에 내린 것) 1컵, 다진 마늘 1/3컵, 다진 생강 2큰술, 국간장 1/3컵, 무녹차육수 1/2컵, 굵은소금 적당량, 다시마물 4컵, 굵은소금 1큰술, 국간장 1작은술

|만 들 기|

1 배추는 뿌리 쪽에 칼집을 넣고 손으로 반으로 쪼갠다.
2 굵은소금과 물을 섞은 절임물에 배추를 담그고 밑동 쪽에 웃소금을 뿌려 8시간 정도 재우는데, 중간에 한 번 뒤집는다. 절인 배추는 쪽을 나눈다.
3 무는 얇게 썰어 곱게 채 썰고 갓, 미나리, 쪽파는 4센티미터 길이로 썰어 놓는다.
4 채 썬 무에 고춧가루 1/2컵을 버무려 붉은 물을 들이고 갓, 미나리, 쪽파를 넣고 고춧가루 1컵, 홍시, 마늘, 생각, 국간장, 굵은소금을 넣어 고루 버무려 속을 만든다.
5 배춧잎 사이사이에 속을 넣고 겉잎으로 감싸 항아리나 밀폐용기에 담는다.
6 배춧잎 우거지로 위를 덮고 이틀 뒤에 끓인 김칫국물을 식혀서 부은 후 냉장 보관한다.

배추를 충분히 절여야 김치에서 풋내가 나지 않고 시원하게 익는다. 단감을 김치 사이사이에 박거나 찹쌀 풀을 쑤어 담가도 좋다. 사찰식처럼 마늘이나 파 같은 오신채를 쓰지 않아도 좋다.

채식동치미

| 재 료 |
조선무 1단, 천일염 2컵, 배 1개, 사과 1개, 마늘 5쪽, 생강 1쪽, 삭힌 고추 10개, 생수 10컵

| 만들기 |
1 무청이 달린 자그마한 조선무를 골라 잘 씻은 후 무청을 잘라 내고 천일염에 굴려 2~3일간 절인다.
2 배와 사과는 껍질째 잘 씻은 후 젓가락으로 구멍을 숭숭 뚫어 즙이 잘 우러나게 한다.
3 마늘과 생강은 얇게 썰고 삭힌 고추와 함께 면포나 망사주머니에 담아 둔다.
4 밀폐용기나 항아리에 생수로 씻은 무와 2의 배, 사과를 담고 3의 망사주머니를 넣는다.
5 무를 씻은 생수와 무를 절인 물을 섞어 간을 맞추고 4의 용기에 담아 2주 정도 숙성시켜 먹는다.

채식 요리를 특별하게 만드는 소스

채식 요리를 할 때, 사용할 수 있는 양념이나 소스 등이 한정적이다 보니 음식 맛을 내는 데 자신을 잃을 수도 있다. 하지만, 육류와 해물이 아닌 채소나 과일만 가지고도 재료 자체가 주는 맛난 맛을 낼 수 있다. 비법은 바로 소스와 육수.

유자청

재 료 | 유자 1kg, 유기농 설탕 600g **설탕시럽** 유기농 설탕 1컵, 물 1컵, 꿀 1큰술

1. 유자는 깨끗이 씻어 물기를 거두고 4등분하여 과육과 껍질을 발라낸다.
2. 과육에서 씨를 빼내고 껍질은 흰 부분을 약간 저며낸다.
3. 1과 2를 섞어 병에 담고 설탕에 재운다.
4. 설탕과 물을 중간 불에서 젓지 않고 끓이다가 설탕이 녹으면 꿀을 넣고 1컵 정도가 될 때까지 끓여 식혀 설탕시럽을 만든다.
5. 3의 유자절임에 설탕시럽을 부어 빈 공간을 메운 후 뚜껑을 닫아 둔다.
6. 1주일 정도 지나면 맑은 시럽이 생기는데 이 물이 유자청이고 과육은 절임이 된다.

매실청

재 료 | 매실 600g, 유기농 설탕이나 원당 400~500g **설탕시럽** 유기농 설탕 1컵, 물 1컵, 조청 1큰술

1. 매실은 깨끗이 씻어 물기를 빼고 씨를 발라낸 후 설탕이나 원당에 재운다.
2. 설탕과 물을 중간 불에서 젓지 않고 끓이다가 설탕이 녹으면 조청을 넣고 1컵 정도가 될 때까지 끓여 식힌다.
3. 1의 매실을 밀폐용기에 담고 시럽을 부어 빈 공간을 메운 후 뚜껑을 닫아 둔다.
4. 1주일 정도 지나면 맑은 시럽이 생기는데 이 물이 매실청이고 과육은 절임이 된다.

두부크림(생크림 대용)

재 료 | 생식용두부 1/2모, 껍질 벗겨 볶은 국산 땅콩 1/4컵, 엑스트라 버진 올리브오일 1큰술, 두유 1컵, 소금 1작은술

모든 재료를 믹서에 갈아 낸다. 냉장고에서 1주일 정도 보관 가능하다.

두부치즈

재 료│ 두부크림 1컵, 찹쌀가루 2큰술, 물 4큰술

찹쌀가루를 물에 곱게 풀어 넣고 두부크림을 넣은 다음 되직하게 졸인다. 모차렐라 치즈 대용으로 피자나 그라탱 위에 올려 구워도 좋다. 시판 찹쌀가루일 경우 가루 1큰술, 물 4큰술을 사용한다.

두부마요네즈

재 료│ 수분 뺀 두부 1/2모, 엑스트라 버진 올리브오일 1/4컵, 껍질 벗긴 볶은 국산 땅콩 1/3컵, 식초 1큰술, 소금 1작은술, 꿀 혹은 메이플 시럽 2큰술

모든 재료를 믹서에 넣고 갈아 보관한다. 냉장고에서 1주일 정도 보관 가능하다.

토마토소스

재 료│ 조선무 1단, 잘 익은 토마토 4개, 소금 약간, 조청 약간

강판에 간 토마토를 중간 불로 뭉근하게 조려서 퓨레 상태로 만든 후 소금과 조청으로 간을 맞추어 보관한다. 냉장고에서 2~3주 보관 가능하다. 소독한 병에 토마토소스를 담고 뚜껑을 꼭 닫은 후 뒤집어 5분 정도 더 끓이면 실온에서 6~12개월 정도 보관 가능하다.

토마토케첩

재 료│ 잘 익은 토마토 4개, 소금 약간, 조청 약간, 유기농 설탕 약간, 식초 약간

토마토소스에 기호에 맞게 유기농 설탕, 식초 등을 넣고 자글자글 끓인 후 물녹말로 농도를 맞춘다. 냉장고에서 2~3주 보관 가능하다.

채식 밥상에 맛을 더하는 기본 육수

모든 요리의 기본 다시마육수
재료 다시마 10×10센티미터 1장, 물 5컵

다시마를 젖은 행주로 닦은 후 생수에 담가 하룻밤 우리거나 중간 불 정도에서 천천히 끓여 끓어오르기 직전에 불을 끄고 체에 걸러 보관한다.

고기 육수의 감칠맛 표고버섯육수
재료 마른 표고버섯 4~5개, 다시마 5×5센티미터 1장, 물 6컵

마른 표고버섯을 흐르는 물에 스치듯이 씻은 후 생수에 담가 하룻밤 우리거나 중간 불에서 은근히 끓여 끓어오르면 불을 끄고 체에 걸러 보관한다.

국이나 찌개를 맑고 청정하게 녹차무육수
재료 무 1/6개, 녹차 1큰술, 물 6컵

잘 씻은 무를 껍질째 큼직하게 썰어 물과 함께 냄비에 넣고 말갛게 익을 때까지 끓인 후 체에 거른다. 체에 거른 물을 80도 정도로 식힌 후 녹차를 넣고 우려내어 맑은 국이나 수프에 사용한다.

아이들도 좋아하는 자투리채소육수
재료 당근, 애호박, 양파, 대파 등 약간의 단맛이 있는 채소 50g, 물 5컵

재료를 잘 씻어 큼직하게 썰고 물과 함께 중간 불 정도에서 끓여 반으로 졸면 체에 걸러 국이나 찌개에 넣거나 아이들 요리에 넣는다. 변비 예방에 좋다.

CHAPTER **02**

아침으로 좋은
초간단 채식 한 그릇

아침 식사는 하루 세 끼 식사 중 가장 중요하다.
그럼에도 불구하고 시간에 쫓기거나 귀찮다는 이유로 거르기 일쑤인 것이 아침 식사.
간단하지만 영양이 풍부한 가벼운 음식으로 건강도 챙기고 우리 몸에 에너지도 보충하자.
딱 10분만 투자하면 건강 밥상을 준비할 수 있다.

땅콩된장구이주먹밥

오랫동안 육식을 즐기던 사람이 갑자기 채식으로 바꾸면 기력이 쇠하고 힘이 없다고 느끼게 된다.
이때 기력을 보충해 주는 식품이 견과류인데 그중 땅콩은 구하기도 쉽고 맛과 영양이 좋아 채식 요리에 자주 사용된다. 땅콩은 필수 지방산도 풍부하지만 철분 흡수를 촉진시켜 빈혈을 예방하는 효과도 있다.

재료
따뜻한 밥 ················· 2공기
소금 ······················· 약간
포도씨오일 ················ 약간

땅콩된장
굵게 다진 땅콩 ············ 10알
된장 ······················ 2큰술
다시마물 ·················· 2큰술
참기름 ···················· 1큰술

1 땅콩, 된장, 다시마물, 참기름을 고루 섞어 땅콩된장을 만든다.
2 밥을 1/4 공기 정도 손에 쥐고 소금물을 묻혀 가며 동글납작하게 만든다.
3 달군 팬에 포도씨오일을 살짝 두르고 주먹밥을 올린다.
4 타닥타닥 소리가 나면서 한쪽 면이 노릇하게 익으면 뒤집는다.
5 뒤집은 쪽에 땅콩된장을 발라 살짝 구워 낸다.

 땅콩된장은 나중에 발라 타지 않게
밥이 노릇하게 익은 후 양념을 발라야 양념이 타지 않는다.
오븐 토스터나 브로일러에 밥을 올리고 땅콩된장을 발라 구워 내도 좋다.

재료

마른 표고버섯 ······················5개
흑미밥 ······························2공기
송송 썬 쪽파 ······················2대
통깨 ································약간

버섯조림양념

포도씨오일 ························2큰술
간장 ································2큰술
조청 ································1큰술
식초 ································1큰술

초밥초

식초 ································2큰술
꿀 ··································1큰술
소금 ····························1/2작은술

1. 마른 표고버섯은 흐르는 물에 잘 씻어 찬물에 담가 불린다.
2. 불린 표고버섯을 꼭 짠 후 곱게 채 썬다.
3. 2를 팬에 넣고 식초를 제외한 버섯조림양념과 함께 볶는다.
4. 국물이 없이 윤기 나게 볶이면 식초를 넣고 재빨리 뒤적인다.
5. 흑미밥은 따뜻할 때 초밥초를 넣고 고루 섞어 한입 크기의 타원형으로 빚는다.
6. 초밥 위에 조린 표고버섯을 올리고 쪽파와 통깨를 뿌려 낸다.

 새콤한 버섯조림을 만들려면
버섯을 조릴 때 식초를 너무 빨리 넣으면 새콤한 맛이 없어진다. 버섯이 윤기 나게 조려진 후 뜨거운 기가 남아 있을 때 불을 끄고 식초를 넣으면 새콤달콤한 맛의 버섯조림이 된다.

표고버섯조림초밥

버섯의 쫄깃한 식감과 풍미는 채식을 시작한 지 얼마 되지 않은 사람이 고기 대용식으로 먹기에 좋다. 식이섬유가 풍부하고 칼로리는 낮아 다이어트에도 도움을 주는 버섯은 꾸준히 섭취하면 암세포의 발생을 억제하고 감기 같은 바이러스성 질환의 예방에도 효과가 있다.

양배추절임호두비빔밥

양배추에는 염증이나 궤양 치료에 좋은 비타민U와 출혈을 막아 주는 비타민K가 함유되어 있어 과도한 육식으로 손상된 위장이나 췌장의 상처를 치유해 주는 효과가 있다. 위산 분비가 활발한 아침에 먹으면 속을 편하게 하고 배변 활동을 도와준다.

재료

양배추잎(1/2통 크기) ········ 4장
붉은 양배추잎 ············· 1장
구운 소금 ················ 2작은술
오이피클 슬라이스 ········· 4쪽
다진 호두 ················ 4큰술
참기름 ··················· 1큰술
현미밥 ··················· 2공기
흑임자 ··················· 약간

1 양배추와 붉은 양배추잎은 각각 굵직하게 다진 후 구운 소금을 뿌려 10분 정도 절인다.
2 오이피클 슬라이스는 굵직하게 다진다.
3 다진 호두는 아무것도 두르지 않은 팬에 바삭하게 볶는다.
4 절인 양배추를 꼭 짜 물기를 뺀 후 참기름에 살짝 버무린다.
5 현미밥을 볼에 담고 절인 양배추와 다진 오이피클, 호두를 넣고 고루 비벼 흑임자를 뿌려 낸다.

 단맛이 나는 양배추

절인 양배추는 물에 씻지 않고 물기를 꼭 짠 후 사용하여야 특유의 고소함과 단맛을 살릴 수 있다. 물에 씻지 않고 조리하므로 구운 소금이나 자염으로 밑간을 하는 것이 좋다.

재료
마른 톳 …………………10g
포도씨오일 ……………1큰술
찬밥 ……………………2그릇
간장 ……………………2작은술
소금 ……………………약간
후추 ……………………약간
깨소금 …………………1큰술

톳밑간
참기름 …………………1큰술
간장 ……………………1작은술

1 톳은 찬물에 30분 정도 불렸다가 바락바락 씻어 물기를 꼭 짠다.
2 1의 톳을 굵직하게 썬 후 참기름과 간장으로 밑간한다.
3 달군 팬에 포도씨오일을 두르고 2의 톳을 달달 볶는다.
4 톳이 파래지면 밥과 간장을 넣고 톳과 잘 어우러지게 볶는다.
5 소금과 후추로 마지막 간을 맞춘 후 깨소금을 듬뿍 뿌려 낸다.

 톳볶음을 고소하게
톳에 참기름과 간장으로 밑간을 한 후 볶으면 훨씬 고소한 톳볶음을 만들 수 있다. 기호에 따라 으깬 두부나 생식용 두부 등을 곁들여 먹어도 좋다.

톳볶음밥

톳은 대표적인 알카리성 식품으로 산성 체질에 좋다. 혈액을 깨끗하게 해 주고 육식으로 오염된 체내 독소를 배출해 준다. 특히 칼슘, 철분, 칼륨, 요오드 등의 각종 무기질과 비타민이 풍부해 가까이 두고 섭취하면 좋다. 생것이 나지 않는 계절에는 말린 톳이나 냉동 톳을 사용할 수도 있다.

두유고구마수프

밭에서 나는 쇠고기라 불리는 콩의 단백질과 칼슘 등을 가장 소화하기 쉬운 형태로 만든 것이 두유이다. 채식 식단에서는 우유 대용식으로 사용될 만큼 각종 영양소가 풍부하며 우유에 첨가된 항생제나 약품에 노출되지 않아 우유보다 더 안전하다. 직접 만들어 먹는 것이 가장 좋지만 힘들다면 우리 콩이나 유기농 콩으로 만든 무첨가물 냉장 제품도 많이 나와 있으니 빠트리지 않고 챙겨 먹는 것이 좋다.

재료
고구마 · 2개
양파 · 1/4개
올리브오일 · · · · · · · · · · · · · · · 약간
물 · 2컵
두유 · 2컵
소금 · 약간
후추 · 약간
다진 땅콩 · · · · · · · · · · · · · · · 2큰술

1 고구마는 껍질을 대충 벗기고 5밀리미터 두께로 반달썰기한 후 찬물에 담가 녹말을 뺀다.
2 양파는 곱게 채 썬다.
3 냄비에 올리브오일을 두르고 양파를 노릇하게 볶는다.
4 3에 고구마를 넣고 3~4분 볶은 뒤 물을 붓고 익힌다.
5 고구마가 부드럽게 익으면 체에 내리거나 믹서에 갈아 퓨레 상태로 만든다.
6 5에 두유를 섞어 냄비에 담고 원하는 농도가 될 때까지 가끔씩 저어가며 끓인다.
7 소금, 후추로 간한 후 다진 땅콩을 뿌려 낸다.

 두유는 나중에 넣어 고소하게
두유를 미리 넣으면 고소한 맛이 덜하다. 고구마를 충분히 익힌 후 넣어야 훨씬 고소한 두유수프를 끓일 수 있다.

재료

연두부	1모
마른 미역(10×5센티미터)	1장
간장	2작은술
참기름	1큰술
물	3컵
백김치	1/2줄기
쪽파	2대
소금	약간
후추	약간
통깨	약간

녹말물

물	2큰술
녹말가루	2큰술

1 연두부는 체에 밭쳐 물기를 빼고 준비한다.
2 마른 미역은 찬물에 담가 30분에서 1시간 정도 불려 잘 씻은 후 물기를 짠다.
3 2의 미역을 잘게 송송 썰어 냄비에 담고 간장과 참기름을 넣고 달달 볶는다.
4 미역이 파래지면 물을 붓고 15분 정도 끓인다.
5 4에 연두부를 뚝뚝 떠 넣고 한소끔 끓인 후 녹말물로 농도를 맞춘다.
6 백김치는 곱게 다지고 쪽파는 송송 썬다.
7 5의 수프에 소금, 후추로 간을 맞춘 후 그릇에 담고 백김치와 쪽파, 통깨를 올려 낸다.

 연두부는 수분을 제거해 탄력 있게
물기를 빼지 않은 연두부를 넣으면 수프가 국처럼 묽어지고 고소한 맛도 훨씬 덜하다. 체에 밭쳐 여분의 수분을 제거하고 넣어야 맛도 좋고 탄력이 생겨 수프에 넣어도 지저분하게 부서지지 않는다.

미역연두부수프

채식을 하는 사람들이 가장 친숙해져야 할 재료는 식물성 단백질의 보고인 콩. 하지만 콩을 자주 섭취하다 보면 몸속의 요오드가 다량 소모된다. 콩을 먹는 만큼 요오드가 풍부한 해조류를 섭취하여야 몸속 균형이 깨지지 않는다.

콩나물된장국밥

아침식사는 밤새 쉬었던 장기를 깨우고 활력과 영양소를 공급하므로 가장 중요한 끼니라고 할 수 있다. 바빠서 제대로 챙기기 힘들다면 전날 끓여 놓았던 국에 밥이나 불린 쌀을 넣어 간단한 국밥을 만들어 먹는 것만으로도 건강을 챙길 수 있다.

재료

- 콩나물 ············· 100g
- 대파 ··············· 1대
- 양파 ··············· 1/4개
- 불린표고 ············ 2개
- 참기름 ·············· 1큰술
- 다시마(5×5센티미터) ·· 1장
- 물 ················· 4컵
- 된장 ················ 2큰술
- 현미찬밥 ············· 2공기
- 소금 ················ 약간
- 후추 ················ 약간

1. 콩나물은 뿌리 끝만 살짝 다듬은 후 물에 씻어 체에 밭친다.
2. 대파는 송송 썰어 면포에 싸고 흐르는 물에 비벼 씻어 매운맛과 점액 성분을 뺀다.
3. 양파와 불린 표고는 곱게 채 썬다.
4. 참기름을 두른 냄비에 표고채를 담고 고소한 향이 날 때까지 볶는다.
5. 다시마 1장과 찬물을 4에 넣고 끓인 후 된장을 푼다.
6. 5에 콩나물과 양파를 넣고 한소끔 끓인 후 현미찬밥을 넣고 퍼질 때까지 끓인다.
7. 소금, 후추로 간을 맞춘 다음 송송 썬 대파를 올려 낸다.

 대파의 매운맛을 없애려면
비벼 씻은 대파를 아침에 먹는 국이나 죽에 올려 내면 맵고 아린 맛도 없어지고 냄새도 덜 난다.

재료

물 ····················· 4컵
녹차잎 ················ 1작은술
취 ····················· 100g
당근 ··················· 1/6개
흑미밥 ················· 2그릇
깨소금 ················· 2큰술
소금 ··················· 약간

취나물 밑간

소금 ··················· 1작은술
참기름 ················· 1작은술

1. 물을 팔팔 끓인 다음 70도 정도로 식힌 뒤 녹차 잎을 넣고 우려낸다.
2. 취는 질긴 부분을 손질한 후 끓는 물에 소금을 약간 넣고 데쳐 찬물에 헹군다.
3. 2의 취를 물기를 꼭 짜고 송송 썬 다음 밑간을 하고 조물조물 무친다.
4. 당근은 곱게 채 썰어 끓는 물에 살짝 데친다.
5. 그릇에 밥을 넣고 취나물과 당근, 깨소금을 올린 후 따뜻하게 데운 녹차를 3컵 정도 부어 낸다.

 녹차는 한 김 식힌 뜨거운 물에 우려야

녹차는 너무 뜨거운 물에 우리면 카테킨 성분이 많이 우러나와 쓴맛이 느껴지므로 한 김 식힌 뒤 우려내는 것이 좋다. 작설이나 세작 등의 좋은 품질의 녹차잎을 우리면 차즈케의 향도 더욱 그윽해진다.

취나물차즈케

차즈케는 차에 밥을 말아 먹는 일본 요리로 부드러운 차향이 밥알에 배어들어 평소 차를 좋아하는 사람이라면 꼭 먹어 보아야 할 요리이다. 기호에 따라 여러 가지 나물이나 김, 다시마, 견과류 등을 바꾸어 올려 내도 좋다.

두부마요네즈사과감자샐러드

서양 속담에 '아침에 사과 하나면 의사가 필요없다'는 말이 있을 정도로 사과는 건강에 좋은 과일이다. 비타민이 풍부하여 피로 물질을 제거하는 유기산도 풍부하게 들어 있다. 아침에 먹으면 위액 분비를 촉진해 식욕을 돋우고 펙틴 성분과 섬유질이 장 건강을 도와 배변 활동도 원활하게 해 준다. 칼륨이 풍부한 감자와 함께 먹으면 평소 짜게 먹어 생긴 고혈압의 예방과 치료에 효과적이다.

재료

사과	1개	
감자	1개	
소금	약간	
올리브오일	약간	
양파	1/4개	
치커리	약간	
다진 호두	1큰술	

두부마요네즈소스

두부마요네즈	4큰술
식초	2큰술
꿀	2작은술
양겨자	1작은술
소금	약간
후추	약간

1 사과는 껍질째 깨끗이 씻어 4등분한 뒤 씨를 제거하고 부채꼴 모양으로 도톰하게 썬다.
2 감자는 잘 씻어 껍질을 벗기고 사과 모양으로 썰어 소금과 올리브오일을 넣은 물에 데쳐 낸다.
3 양파는 굵직하게 다져 소금을 약간 뿌려 절이고 치커리는 먹기 좋게 뜯어 찬물에 담갔다가 건진다.
4 분량의 재료를 섞어 두부마요네즈소스를 만든다.
5 볼에 사과와 감자, 물기를 짠 양파, 치커리를 담고 소스를 넣어 버무린 후 호두를 뿌려 낸다.

 **견과류를 넣어 풍성하게**
감자를 찐 후 사과 모양으로 잘라 섞어도 좋다. 기호에 따라 건포도나 건자두 등을 섞어 먹으면 맛도 풍부해지고 영양 균형도 맞출 수 있어 더욱 좋다.

재료
율무	1/2컵
보리	1/4컵
양상추	3장
치커리	4줄기
오이	1/2개
당근	1/4개
노란 파프리카	1/4개

샐러드소스
올리브오일	3큰술
식초	3큰술
꿀	2작은술
소금	1작은술

1 율무와 보리는 잘 씻어 살짝 불렸다가 물을 자작하게 넣고 압력솥에 고슬고슬하게 찐다.
2 양상추와 치커리는 한입 크기로 뜯어 찬물에 담갔다 건진다.
3 오이, 당근, 파프리카는 율무 크기로 깍둑썰기한다.
4 1의 율무와 보리에 샐러드소스를 반쯤 섞어 버무린다.
5 볼에 4의 잡곡과 3의 채소를 고루 섞어 넣고 남은 샐러드소스를 넣고 버무린다.
6 물기 뺀 양상추와 치커리를 그릇에 담고 5의 잡곡과 채소를 올려 낸다.

 율무밥 대신 현미나 콩밥으로
남은 현미밥이나 콩밥이 있다면 율무나 보리 대신 사용해도 좋다. 곡식에 미리 밑간을 하고 버무려야 간이 고루 밴다.

율무보리샐러드

톡톡 씹히는 맛이 좋은 율무와 보리 같은 잡곡류는 채식 식단에서 빼놓을 수 없는 식재료이다. 풍부한 식이섬유로 몸속 노폐물을 배출시키고 채식 식단에서 자칫 부족할 수 있는 무기질과 미네랄을 보충해 준다.

Lohas Story | 바삭하게 즐기는 채소

햇살을 먹는다, 채소 갈무리

어린 시절 기억을 더듬어 보면 정다운 가을 갈무리 풍경을 주변에서 심심치 않게 목격하곤 했었다. 돗자리 위에 한 가득 펼쳐진 빨간 고추, 실에 가지런히 꿰어 매달아 놓은 무말랭이, 베란다 한쪽에 걸어 둔 시래기, 옥상에서 한껏 가을 햇살을 누리던 표고버섯까지. 이런 식재료는 질리지 않는 별미 반찬 노릇을 톡톡히 하곤 했다. 간단하면서 영양이 풍부한 채소 말리기에 도전해 보자.

갈무리를 해 두면 왜 좋을까?

채소 갈무리는 추운 겨울을 대비하기 위한 선조들의 지혜가 담긴 살림살이 중 하나였다. 채소를 말리는 것 외에도 장아찌를 만들고, 장을 담그기 위해 메주를 쑤고, 젓갈을 만드는 것까지 모두 갈무리라 할 수 있다. 그 중에서도 가장 간단하면서도 영양이 풍부한 것이 채소 말리기다. 채소의 수분을 바싹 말리면 세균이나 곰팡이가 번식하지 못해 오랫동안 저장해 두고 먹을 수 있을 뿐 아니라, 씹는 질감이 좋아지고 단맛이 강해지는 장점이 있다. 또 비타민D 함유량이 증가해 칼슘의 체내 흡수를 도와주기도 한다. 말린 채소로 요리하면 필요한 만큼씩만 꺼내 쓸 수 있으니 재료 낭비를 미리 방지할 수 있다.

채소 갈무리의 필수 요소, 햇볕과 바람

채소 갈무리의 핵심은 햇볕이다. 볕이 좋을 때 바싹 말려야 빛깔은 물론 영양가, 향기, 맛이 그대로 살아난다. 하지만, 아무리 볕이 좋아도 바람이 통하지 않으면 곤란하다. 채소가 잘 마르지도 않을 뿐더러 썩는 경우도 종종 있기 때문이다. 따라서 일조량이 많고 건조하면서도 서늘한 바람이 부는 가을은 갈무리 최적의 계절이다.

채소를 말릴 때 통풍이 잘되는 대바구니를 이용하는 것도 중요하다. 강한 햇볕에서는 겉의 수분만 없어지고 속까지 완전히 마르지 않으므로, 통풍이 잘되는 그늘에서 뒤집어 가며 말리도록 한다. 이때 한쪽을 완전히 말린 다음에 뒤집어야 깨끗하게 마른다. 덜 말리면 곰팡이가 생길 수도 있으니 유의해야 한다. 한꺼번에 많은 양을 말리지 말고 적당한 양을 서너 차례 나누어 말리는 것이 현명한 방법이다.

채소별 건조법과 보관법

채소는 종류별로 써는 방법도 제각각이고, 말리는 방법에도 약간씩 차이가 있다. 햇볕을 쬐더라도 산화가 덜 되는 고추, 무, 애호박, 가지, 표고버섯 등은 그냥 말려도 되지만 부서지기 쉬운 고춧잎, 무청, 고구마순, 토란대, 고사리 등은 살짝 데쳐서 말려야 한다. 완전히 말린 무는 비닐봉지나 바구니에 담아 보관하면 된다. 덜 말랐다면 냉동 보관해야 곰팡이가 생기거나 갈변하는 것을 방지할 수 있다. 말린 가지는 냉동 보관해야 변색되지 않아 깔끔하다. 말린 토란대는 다발로 묶어서 대바구니에 담아 서늘한 곳에 두도록 한다. 부서지기 쉬운 호박고지, 시래기 등은 밀폐용기에 넣어 보관하는 것이 효과적이다.

무말랭이

가을에 나오는 무의 단맛이 가장 강하므로 9월 말에서 10월 초쯤 말리는 것이 적당하다. 너무 크지 않으면서 매끈하고 광택이 있는 것일수록 품질이 좋다. 껍질에 비타민C를 비롯한 영양분이 많으므로 껍질째 썰어 말리는 것이 포인트.

손질법 | 무를 깨끗이 씻은 뒤 길이 3~5센티미터, 두께 5밀리미터의 직사각형 모양으로 가늘게 썬다. 넓은 채반에 널어 말리거나, 실로 꿰어서 빨랫줄에 널어도 좋다. 무가 서로 닿지 않도록 약간 느슨하게 꿰는 것이 요령. 무는 빠른 시간 안에 말려야 검게 변색되지 않고 뽀얗게 잘 마른다.

요리법 | 무말랭이를 찬물에 한 시간 정도 불린 다음 물기를 빼고 간장, 고춧가루, 설탕 등을 넣어 버무린다. 너무 오래 불리면 단맛이 빠져나가므로 주의해야 한다. 고춧잎 말린 것이나 마른오징어와 함께 무치면 색다른 맛을 즐길 수 있다.

호박고지

가을 식탁에 단골 메뉴로 등장하는 애호박은 비타민B와 C, 카로틴이 풍부해 피부를 건강하게 해 준다. 늦여름과 초가을 사이 따뜻한 햇볕에 말리면 단맛이 한층 살아난다. 늙은 호박은 부인병, 성인병 개선에 뛰어난 효능이 있다.

손질법 | 연둣빛의 작은 애호박을 껍질째 5밀리미터 두께로 둥글게 썰어 준비한다. 넓은 대바구니에 펼쳐서 통풍이 잘되고 햇볕이 좋은 곳에서 말린다. 늙은 호박은 반으로 쪼개 씨를 제거한 다음 껍질을 벗겨 내고, 칼로 둥글게 썰어 긴 끈처럼 만들어서 줄에 널어 말린다.

요리법 | 물에 살짝 씻어 부드러워진 호박고지에 파, 마늘, 간장, 참기름을 넣고 고루 무친다. 찌개로 끓여 먹으면 진한 국물 맛이 일품이다. 늙은 호박은 찹쌀가루와 버무려 호박떡을 만들어 먹기도 한다.

표고버섯

가을이 제철인 표고버섯은 섬유질이 풍부해 장운동을 활발하게 하고 동맥경화, 당뇨병, 고혈압 등에도 효능을 보인다. 항암작용을 하는 물질도 들어 있다고 한다. 생표고버섯에는 비타민D가 거의 없지만 말린 표고버섯에는 비타민D가 다량 생성돼 골다공증 예방에 좋은 식품으로 꼽힌다.

손질법 | 표고버섯의 기둥을 떼어내고 씻지 않은 채로 적당한 두께로 썰어 채반에 널어 말린다. 바싹 마른 버섯은 냉동실에 보관해 두면 좋다.

요리법 | 말린 표고버섯을 불릴 때는 차가운 물에서 서서히 불려야 한다. 뜨거운 물에서 불리면 색이 검게 변하기 때문. 버섯을 우린 물은 국이나 찌개를 끓일 때 재활용하면 좋다. 기둥 부분은 갈아서 조미료 대용으로 활용할 수 있다.

토란대

추석에 끓여 먹는 토란탕으로 익숙한 채소인 토란은 습지에서 잘 자라는 뿌리채소로, 녹말 함량이 높아 주식으로 이용되기도 한다. 토란이 한창인 10월쯤에 토란대를 잘 말려 두면 볶음이나 탕 요리에 다양하게 활용할 수 있다.

손질법 | 껍질을 벗겨 낸 토란대를 적당한 길이로 썬 후 끓는 물에 소금을 넣고 살짝 데친다. 찬물에 헹군 다음 물기를 꼭 짜서 채반에 넣어서 말리면 된다. 말린 토란대는 한 다발씩 묶어서 통풍이 잘되는 곳에 보관한다.

요리법 | 말린 토란대는 물에 불리지 말고 바로 삶아서 요리해야 부드러워진다.

고구마순

섬유질이 풍부하고 비타민, 칼슘, 칼륨 성분이 많이 들어 있는 고구마순은 변비, 대장암, 골다공증, 고혈압 예방과 노화 방지에 탁월한 식품이다. 고구마의 단맛이 절정에 오르는 10월에 연한 것만 골라 말리도록 한다.

손질법 | 깨끗이 씻은 고구마순의 껍질을 벗겨 끓는 물에 소금을 살짝 넣고 데친다. 찬물에 헹궈 물기를 빼고 채반에 넣어 말리거나, 한나절이 지나면 손으로 한 번 비빈 후 다시 진갈색으로 빳빳해질 때까지 바싹 말린다.

요리법 | 말린 고구마순은 하루 정도 불려 두었다가 요리하는 것이 좋다. 볶음, 찌개, 무침 등 다양한 요리에 활용할 수 있고 고소한 맛이 일품이다.

| 이 글은 「살림이야기」 06호에서 만날 수 있습니다. 「살림이야기」는 사람과 사람, 사람과 자연이 조화로운 생명세상을 꿈꾸며 봄·여름·가을·겨울마다 내는 생활문화지(www.salimstory.net)입니다.

바삭바삭하게 즐기는 갈무리 식단

단호박 | 단호박은 꼭지를 떼고 반을 갈라 속을 파낸다. 반원 모양을 살려 2~3밀리미터 두께로 껍질째 얇게 썰고 바람이 잘 통하는 곳에서 말린다. 말린 단호박을 기름에 살짝 튀겨 낸 후 키친타월로 기름기를 없애고 식기 전에 약간의 소금과 설탕을 뿌린다.

고추부각 | 고추를 반으로 갈라 씨를 털어 내고 소금물에 하룻밤 정도 담가 둔다. 소금기를 씻어 낸 고추에 걸쭉하게 쑨 찹쌀가루 풀을 묻혀서 찜통에 찐 다음 충분히 말린다. 잘 마른 고추부각을 밀폐용기에 담아 두었다가 먹을 때마다 조금씩 꺼내 기름에 튀겨 낸다.

미역튀각 | 마른 미역을 적당한 크기로 잘라 기름에 튀긴 다음 식기 전에 설탕을 뿌려 버무리면 완성. 마른 재료를 그대로 튀기는 것이 부각과 다른 점이다. 건조한 곳에 보관해야 오래 두고 먹을 수 있다.

CHAPTER 03

모자란 듯 넘치는
채식 면 한 그릇

면 요리가 몸에 좋지 않다는 것은 편견일 뿐이다.
채식에 활용해 건강하게 즐길 수 있는 면 요리가 얼마든지 있다.
따뜻한 온면부터 시원한 냉면까지 식탁을 풍성하게 하고
입맛을 돋울 수 있는 다양한 채식 면 한 그릇을 준비해 보자.

채식골동면

궁중에서 사용하던 특별한 요리 용어로 비빔밥을 골동반, 비빔면을 골동면이라 높여 불렀다. 본래 골동면은 고기와 갖은 고명을 올려 갖가지 색의 꾸미를 올리고 간장을 곁들여 내는 것이지만 채식골동면은 고기 대신 섬유질이 풍부한 버섯을 불고기 양념으로 조리해 올린다.

재료
불린 표고버섯 ················ 2장
애느타리버섯 ················ 50g
오이 ·························· 1/2개
당근 ·························· 1/4개
노란 파프리카 ················ 1/4개
포도씨오일 ··················· 약간
소금 ·························· 약간
소면 ·························· 200g

표고·느타리버섯 양념
간장 ·························· 1큰술
설탕 ·························· 1/2큰술
다진 파 ······················· 1/2큰술
다진 마늘 ····················· 1작은술
깨소금 ······················· 1작은술
참기름 ······················· 1작은술
후추 ·························· 약간

비빔간장
간장 ·························· 3큰술
참기름 ······················· 2큰술
꿀 ···························· 1큰술
깨소금 ······················· 1큰술

1 불린표고버섯은 꼭 짠 후 곱게 채 썰고, 애느타리버섯은 밑동을 자르고 가닥을 나눈 다음 분량의 양념을 넣어 조물조물 무친다.
2 오이, 당근, 노란 파프리카는 5센티미터 길이로 곱게 채 썬다.
3 2의 채소를 각각 포도씨오일을 두른 팬에 소금으로 간하여 볶아 식힌다.
4 1의 표고버섯과 애느타리버섯을 각각 기름 두른 팬에 볶아 식힌다.
5 냄비에 물을 넉넉히 넣어 끓이다 물이 팔팔 끓으면 소면을 넣고 익힌 다음 건져 낸다. 잘 씻은 소면을 1인분씩 타래지어 그릇에 담는다.
6 고명을 올리고 비빔간장을 곁들여 낸다.

 채소와 버섯은 따로 볶아야
채소와 버섯은 귀찮더라도 각각 볶아 내야 각 재료의 풍미가 산다. 버섯을 볶을 때는 기름을 살짝만 두른 후 노릇해질 때까지 충분히 볶아야 느끼하지 않고 쫄깃한 질감을 낼 수 있다.

재료

오이	5개
깻잎	10장
저민 마늘	2쪽
오이김치	1조각
배	1/4개
무순	약간
녹차면	200g

매실청국물

매실청	2컵
물	3컵
식초	2컵
소금	1/2컵

채소육수

무	1/6개
다시마(10×10센티미터)	1장
표고	1개
물	5컵

1 밀폐용기에 2~3도막으로 자른 오이와 깻잎, 마늘을 넣고 팔팔 끓여 식힌 매실청국물을 넣은 다음 이틀 정도 숙성시켜 매실청오이김치를 만든다.
2 분량의 재료를 냄비에 담고 중간 불에서 무가 말갛게 익을 정도로 끓여 채소육수를 만든 후 체에 거른다.
3 매실청오이김칫국물과 채소육수를 1과 1/2컵씩 1:1로 섞어 차갑게 보관한다.
4 오이김치는 꺼내 얇게 썰고 배는 곱게 채 썬다. 무순은 끝만 다듬는다.
5 녹차면을 삶아 잘 씻어 1인분씩 그릇에 담고 4의 꾸미를 올린 후 차가운 육수를 부어 낸다.

 남은 오이는 무침으로
육수는 기호에 따라 겨자나 식초, 설탕을 가감하여도 좋다. 국물을 다 먹고 남은 오이김치는 오이지처럼 살짝 짠 후 고춧가루와 참기름을 넣고 무쳐 먹으면 맛있다.

매실청오이물냉면

고기를 먹고 나면 깔끔한 물냉면이 당긴다. 특히 살얼음 낀 동치미냉면을 좋아하는 사람들이 많은데 냉면에는 고기 육수가 들어가 감칠맛을 낸다. 매실청으로 단맛을 낸 새콤한 매실청오이김칫국물과 채소육수만 있다면 동치미냉면 못지않은 채식물냉면을 만들 수 있다.

배추사과겉절이비빔면

새콤달콤하게 버무린 겉절이를 먹다 보면 절로 밥이나 국수를 비벼 먹고 싶어진다.
한겨울 잘 저장된 배추와 사과를 사용하면 가장 맛이 좋지만
이른 봄이라면 봄동과 배를 사용해서 만들어 먹어도 좋은 메뉴이다.

재료
배추속대 ············· 10장
사과 ················· 1/2개
양파 ················· 1/4개
청고추 ··············· 1개
소면 ················· 200g
통깨 ················· 약간

비빔양념
간장 ················· 4큰술
고춧가루 ············· 2큰술
물 ··················· 2큰술
깨소금 ··············· 2큰술
참기름 ··············· 2큰술
매실청 ··············· 2큰술
다진 마늘 ············ 1큰술

1. 배추속대는 잘 씻어 작은 것은 그냥 두고 큰 것은 한입 크기로 어슷하게 저며 썬다.
2. 사과는 3등분하여 씨 부분을 제거하고 부채꼴 모양으로 납작하게 썬다.
3. 양파와 청고추는 5센티미터 길이로 곱게 채 썬다.
4. 볼에 배추속대, 사과, 양파, 고추를 고루 섞어 담고 분량의 양념으로 고루 버무려 겉절이를 만든다.
5. 냄비에 물을 넉넉히 넣고 팔팔 끓으면 소면을 넣고 삶는다. 소면을 잘 씻어 1인분씩 타래지어 그릇에 담는다.
6. 면기에 국수를 담고 겉절이를 소복이 올려 내거나 접시에 소면을 둘러 담고 겉절이를 가운데 소복이 담아 통깨를 뿌려 낸다.

 소면은 나중에 삶아 쫄깃하게
겉절이에 간이 살짝 밴 후 먹어야 맛있으므로 겉절이를 먼저 만든 후 소면을 삶아 낸다. 소면을 미리 삶아 놓으면 불어서 맛이 없다.

재료

흰콩	1컵
물	7컵
통깨	1/3컵
오이	1개
밀가루	1과 1/2컵
소금	적당량

1 흰콩은 넉넉하게 물을 부어 하룻밤 불린 뒤 싹싹 비벼 껍질을 벗기고 헹군다.
2 냄비에 불린 콩을 넣고 분량의 물을 부어 비린내가 나지 않을 정도로 삶은 후 콩만 건져 흐르는 물에 재빨리 식히고 콩물은 그대로 식힌다.
3 믹서에 콩과 통깨를 넣고 콩 삶은 물을 부어 가며 곱게 간 후 체에 밭쳐 차갑게 식힌다.
4 오이는 강판에 갈아 오이물을 만든다.
5 밀가루를 볼에 담고 소금 1/2작은술을 녹인 오이물을 조금씩 넣어 가며 치댄 뒤 젖은 면포를 덮어 30분 정도 숙성시켜 수제비 반죽을 만든다.
6 냄비에 물을 넉넉히 붓고 끓이면서 수제비 반죽을 얇게 떼어 넣는다. 익은 반죽이 떠오르면 건져 얼음물에 담근다.
7 면기에 수제비를 담고 콩국을 부어 소금을 곁들여 낸다.

 오이즙 넣은 수제비는 콩국에
오이는 강판에 갈아 즙과 건더기를 함께 넣는다. 오이를 갈아 넣으면 수제비에서 오이향이 나 콩국과 잘 어우러지고 수제비를 차갑게 먹어도 부담이 없다.

오이수제비콩국

수제비는 따뜻하게 먹는 요리라고 생각하지만 특유의 쫄깃한 질감은 차가운 요리에도 잘 어울린다. 시원하고 고소한 콩물에 오이물로 반죽한 오이수제비를 넣어 먹으면 막힌 속도 시원하게 뚫는 건강 여름 메뉴가 만들어진다.

메밀소면새싹롤

밥에 화려한 속 재료를 채우고 갖은 소스를 현란하게 뿌린 캘리포니아롤은 나른한 점심이나 오후에 가끔 생각나는 메뉴이다. 하지만 몸에 이로운 재료보다는 몸을 무겁게 하는 재료와 소스로 채워져 채식을 실천하는 사람들은 꺼려야 할 메뉴. 반면 혈액 순환에 좋은 메밀면과 무기질과 비타민이 풍부한 새싹으로 만든 롤은 먹을수록 몸이 건강해지는 웰빙롤이다.

재료

메밀소면 ············· 200g
오이 ················ 1/2개
무순 ················ 약간
새싹채소 ············· 50g
구운 김 ·············· 2장
고추냉이 갠 것 ········ 1/2큰술
통깨 ················ 약간

간장소스

간장 ················ 2큰술
다시마물 ············· 1큰술
식초 ················ 2큰술
매실청 ·············· 1큰술

1 메밀소면은 끓는 물에 부드럽게 삶아 건진 후 체에 밭쳐 물기를 뺀다.
2 오이는 6~7센티미터 길이로 곱게 채 썰고 무순은 끝만 다듬는다.
3 새싹채소는 색깔이 섞이지 않게 체 위에 올린 뒤 흐르는 물에 살살 씻어 수분을 뺀다.
4 김 위에 메밀소면을 펼쳐 올리고 오이, 새싹채소, 무순을 얹은 다음 고추냉이를 조금 바른다.
5 4의 위에 통깨를 솔솔 뿌린 후 돌돌 말아 2~3분간 두었다가 한입 크기로 썰고 간장소스를 곁들여 낸다.

재료는 수분을 제거해 김이 찢어지지 않게
메밀과 새싹, 오이는 모두 수분을 살짝 제거한 뒤 김에 올려야 김이 찢어지지 않고 롤이 잘 말린다.

재료
육수 우린 표고버섯 ·········· 2장
쪽파 ················· 2~3대
김 ·················· 1/2장
생메밀면 ·············· 200g
통깨 ················· 약간

표고육수
물 ··················· 8컵
다시마(5×5센티미터) ········ 1쪽
마른 표고버섯 ············ 5장
청주 ················· 1/2컵
간장 ················· 1/2컵
유기농 설탕 ············· 1/2컵

표고양념
간장 ················· 1큰술
참기름 ················ 2작은술
꿀 ·················· 1작은술
깨소금 ················ 1작은술

1 분량의 물에 다시마와 표고버섯을 넣고 하룻밤 정도 불려 표고육수를 만들 준비를 한다.
2 1의 물에 청주와 간장, 설탕을 넣고 우르르 끓인 후 거품을 제거하고 체에 거른다.
3 건져 낸 표고버섯은 꼭 짠 후 곱게 채 썰어 양념 재료를 넣고 노릇하게 볶는다.
4 쪽파는 송송 썰고 김은 3센티미터 길이로 곱게 채 썬다.
5 생메밀면은 잘 털어 삶은 후 찬물에 헹구고 채반에 건져 물기를 뺀다.
6 그릇에 국수를 담아 고명을 올리고 통깨를 뿌린 다음 뜨겁게 데운 육수를 부어 낸다.

 남은 표고버섯은 반찬으로 활용
육수를 내고 남은 표고는 버리지 말고 양념을 넉넉히 하여 채 썰어 볶거나 조려 먹으면 맛있다.

표고육수메밀온면

담백한 생표고버섯도 맛이 있지만 이것을 말리면 저장성이 좋아지고 수분이 줄어들면서 영양 성분과 감칠맛을 내는 성분이 증가하여 맛이 더 좋아진다. 말린 표고버섯은 채식을 실천하는 사람이라면 빼놓지 말아야 할 식재료로서 각종 요리의 주·부재료로 훌륭한 역할을 한다. 특히 햇볕에 말린 것은 맛과 향이 더욱 진한데 시중에 나오는 표고버섯은 거의 전기 건조한 것이므로 구입 시 주의하도록 한다.

버섯쌀국수볶음

보통 면들은 밀로 만들기 때문에 글루텐 함량이 높아 소화가 안 되거나 먹고 나도 금방 출출해져 과식을 하기 쉽다. 그러나 쌀국수는 쌀을 주재료로 기름에 튀기지 않고 만들기 때문에 소화도 잘되고 쌀의 영양을 효율적으로 섭취할 수 있어 좋다. 요새는 우리 쌀로 만든 쌀국수도 나와 있어 더욱 건강하게 먹을 수 있다.

1 쌀국수는 끓는 물에 삶아 찬물에 헹군 뒤 체에 받쳐 둔다.
2 표고버섯과 새송이버섯은 5센티미터 길이로 도톰하게 채 썰고 애느타리버섯은 밑동을 자르고 가닥을 나눈다.
3 양파와 피망은 5센티미터 길이로 채 썰고 마늘은 굵직하게 다져 준비한다. 쪽파는 송송 썬다.
4 올리브오일을 두른 팬에 마늘과 양파를 볶아 향을 낸 후 버섯을 모두 넣고 소금, 후추를 살짝 뿌려 노릇하게 볶는다.
5 4에 쌀국수와 피망, 볶음소스를 넣고 센 불로 2~3분간 볶는다.
6 고추기름을 살짝 두르고 쪽파를 뿌려 낸다.

재료

쌀국수 중면(국내산) ········ 200g
생표고버섯 ················· 1개
새송이버섯 ················· 1개
애느타리버섯 ··············· 50g
양파 ······················ 1/4개
청피망 ···················· 1/4개
홍피망 ···················· 1/4개
마늘 ······················· 2톨
쪽파 ······················ 2뿌리
올리브오일 ················ 2큰술
소금 ······················· 약간
후추 ······················· 약간
고추기름 ················· 1작은술

볶음소스

간장 ····················· 2큰술
발사믹 식초 ············ 1/2큰술
꿀 ······················ 1작은술

 수입 쌀국수는 데쳐서 이용
수입 쌀국수로 조리한다면 쌀국수를 미지근한 물에 20~30분 정도 담갔다가 끓는 물에 2~3분 정도 데친 뒤 사용한다.

1 감자는 껍질을 벗기고 강판에 갈아 밀가루, 소금과 섞어 말랑하게 반죽한다.
2 아욱은 줄기 껍질을 벗기고 잎은 푸른 물이 가시게 찬물에 여러 번 비벼 씻은 다음 소금물에 살짝 데쳐 꼭 짠다.
3 생표고버섯은 굵직하게 채 썰고 애호박은 반으로 갈라 직사각형으로 썬다.
4 청, 홍고추와 대파는 어슷 썰고 1의 반죽은 덧밀가루를 뿌려 얇게 민 후 7밀리미터 너비의 국수 모양으로 썬다.
5 다시마 우린 물에 고추장과 고춧가루를 풀어 팔팔 끓인다.
6 5의 국물에 먹기 좋은 크기로 썬 아욱을 넣고 20분 정도 끓인다.
7 칼국수를 넣고 면이 떠오르면 준비한 채소와 다진 마늘을 넣어 한소끔 끓인 후 소금, 후추로 간을 맞추어 낸다.

 아욱은 충분히 우려내야
아욱의 맛이 충분히 우러난 다음 면을 넣는 것이 훨씬 맛이 좋다. 감칠맛이 부족하다고 느낀다면 국간장을 조금 넣는다.

재료

아욱	100g
생표고버섯	2개
애호박	1/4개
청고추	1개
홍고추	1/2개
대파	1/4대
다시마 우린 물	6컵
고추장	2큰술
고춧가루	1큰술
다진 마늘	1작은술
소금	약간
후추	약간

칼국수반죽

우리밀백밀가루	1과 1/2컵
감자	1개
소금	약간
덧밀가루	약간

아욱고추장감자칼국수

'가을 아욱은 마누라 내쫓고 문 걸어 두고 먹는다'는 속담이 있다. 단백질과 칼슘이 시금치보다 두 배 정도 많고 비타민과 무기질도 풍부한 식재료인 아욱이 가을에 가장 맛이 좋다는 말일 것이다. 아욱은 섬유질을 제거한 연한 줄기와 잎으로 국을 끓여 먹는 것이 가장 맛있다.

콩나물짬뽕과 콩나물장조림

콩의 영양 성분에 아스파라긴산과 섬유질까지 골고루 섭취할 수 있는 콩나물은 채식 식단에서 가까이해야 할 중요 식재료이다. 맛이 담백하여 어떠한 양념과도 잘 어울리지만 맹물과 함께 조리하면 맛이 우러나지 않으므로 다시마나 표고버섯 우린 물을 사용하여 조리하도록 한다. 콩나물짬뽕을 만들고 남은 콩나물로는 콩나물장조림을 해 먹으면 좋다.

콩나물짬뽕

재료

- 콩나물 150g
- 불린 표고버섯 2개
- 양파 1/4개
- 팽이버섯 1/2봉지
- 불린 목이버섯 1개
- 우동생면 2개
- 대파 1/4개
- 고추기름 약간
- 다진 마늘 1/2큰술
- 고춧가루 2큰술
- 자투리채소육수 3컵
- 국간장 2작은술
- 소금 약간
- 후추 약간

1. 콩나물은 뿌리 끝만 다듬어 잘 씻고 체에 밭친다.
2. 표고버섯과 양파는 채 썰고 팽이버섯은 밑동을 잘라 내고 가닥을 나눈 후 2~3등분한다.
3. 목이버섯은 배꼽을 떼어 내 한입 크기로 뜯고 대파는 채 썬다.
4. 우동생면은 부드럽게 삶고 체에 밭쳐 그릇에 일인분씩 담아 둔다.
5. 냄비에 고추기름을 두르고 다진 마늘과 고춧가루를 볶다가 콩나물과 양파, 불린 표고버섯을 넣고 볶는다.
6. 4에 자투리채소육수을 넣고 끓이다가 목이버섯을 넣고 간장과 소금, 후추로 간을 맞춘다.
7. 국물이 다시 끓어오르면 팽이버섯과 파를 넣고, 부드럽게 삶아 놓은 우동생면 위에 붓는다.

영양이 풍부한 콩나물 뿌리

콩나물의 아스파라긴산은 뿌리 끝에 다량 분포되어 있으므로 뿌리 끝은 너무 잘라 내지 않고 살짝만 다듬는다. 고추기름을 넣고 콩나물을 볶으면 국물 맛이 시원하면서 칼칼하다. 콩나물은 너무 오래 조리하면 질겨지므로 센 불에서 단 시간에 볶은 후 물을 붓고 끓여 낸다.

콩나물장조림

재료

- 콩나물 200g
- 물 2/3컵
- 국간장 1/2큰술
- 진간장 1/2큰술
- 조청 3큰술
- 통깨 약간

1. 콩나물은 뿌리 끝만 잘라 내고 잘 씻어 체에 밭친다.
2. 콩나물을 냄비에 담고 물, 간장을 넣고 은근한 불에 조린다.
3. 콩나물이 실처럼 조려지면 조청을 넣고 한 번 더 윤기 나게 조린다.
4. 한 김 식힌 후 밀폐용기에 담고 냉장 보관한다. 먹을 때마다 통깨를 뿌려 낸다.

오래 보관이 가능한 콩나물장조림

콩나물을 저장 식품으로 만든 것이다. 실처럼 조려 수분을 없앴기 때문에 냉장 보관이 가능해 쉽게 상하는 콩나물 요리를 오래 두고 먹을 수가 있다.

쑥두부크림소스파스타와 쑥두유티

고소하고 부드러운 생크림의 맛을 대체할 재료는 쉽게 찾을 수 있다. 고소한 두유나 두부에 견과류를 곁들여 곱게 갈면 생크림과 비슷한 맛이 난다. 두부크림소스는 치즈 대용으로 아이들의 피자나 그라탱 위에 올려 구워도 맛이 있다.

쑥두부크림소스파스타

재료

완두콩 혹은 청태콩	1/3컵
블랙올리브	약간
양파	1/4개
올리브오일	1큰술
다진 마늘	1작은술
소금	약간
후추	약간
페투치네	150g

쑥소스

데친 쑥	50g
두부크림	1컵

1 쑥은 잘 다듬어 끓는 물에 데친 후 두부크림 1컵을 넣고 믹서에 곱게 갈아 쑥소스를 준비한다.
2 완두콩 혹은 청태콩은 끓는 물에 살짝 데치고 블랙올리브는 동그랗게 모양을 살려 얇게 썰며 양파는 채 썬다.
3 팬에 올리브오일을 약간 두르고 마늘을 볶아 향을 낸 후 양파, 블랙올리브, 완두콩 혹은 청태콩을 넣고 볶는다.
4 3에 1의 쑥 간 것을 넣고 걸쭉해질 때까지 끓인 후 소금, 후추로 간을 한다.
5 제품 봉지 겉면에 표기된 조리 시간을 참고하여 페투치네를 삶은 후 체에 밭친다.
6 4의 소스에 5의 페투치네를 넣고 고루 섞은 후 소금, 후추로 간을 한다.

 칼국수 면과 닮은 페투치네
파스타의 일종인 페투치네는 칼국수처럼 밀어서 넓게 자른 면을 뜻한다. 대략 5~8밀리미터의 넓이를 가졌는데 면의 면적이 넓은 만큼 소스가 많이 묻어, 소스의 풍미가 중점이 되는 요리에 사용된다. 페투치네 대신 일반 스파게티 면을 이용해도 된다.

쑥두유티

재료

말린 쑥	1큰술
물	2컵
두유	1/2컵
유기농 설탕	약간

1 쑥을 잘 손질하여 끓는 소금물에 살짝 데쳐 파랗게 되면 찬물에 헹구어 바람이 잘 통하는 그늘에서 말린다.
2 말린 쑥을 차 망에 담고 끓는 물을 부어 진하게 우려낸다.
3 따뜻하게 데운 두유와 설탕을 기호대로 넣어 마신다.

 몸에 좋은 쑥차
말린 쑥은 차로 마셔도 좋고 진하게 달여 약용 음료로 마셔도 좋다. 평소 몸이 차고 생리가 불규칙한 사람은 두유와 설탕 없이 깔끔한 차로 마시면 증상 개선에 효과가 있다.

CHAPTER 04

반찬이 필요 없는 별미
밥 한 그릇, 죽 한 그릇

시간이 없어서, 귀찮아서, 반찬이 없어서…….
다양한 이유로 '대충 때우는' 식습관을 갖고 있다면 건강을 위해서 개선해야 한다.
반찬이 없어도, 시간이 없어도, 약간의 정성만 기울이면 영양 균형 잡힌 한 그릇 밥상을
차릴 수 있다. 덮밥, 쌈밥, 죽 등 반찬 없이도 즐길 수 있는
한 그릇 요리에 도전해 보자.

근채볶음덮밥

뿌리채소는 식물의 성장에 필요한 영양소를 함축하고 있으면서 섬유소가 풍부해, 다이어트와 미용에 관심이 많은 사람이라면 즐겨 먹는 것이 좋다. 특히 우엉과 당근은 혈액 정화와 피부 미용에 도움을 준다. 약간 짭짤하게 볶아 밥과 함께 곁들여 먹으면 씹는 맛이 별미인 건강밥 한 그릇이 된다.

재료

우엉	1/2대
당근	1/4개
식초물	약간
연근	1/3개
포도씨오일	2큰술
곱게 다진 마늘	1큰술
다시마물	1/2컵
참기름	1작은술
현미밥	2공기
송송 썬 쪽파	1큰술
통깨	약간

볶음양념

간장	3큰술
유기농 설탕	1큰술
청주	1큰술
후추	약간

1 우엉과 당근은 각각 껍질을 벗기고 얇게 채칼로 돌려 깎아 식초물에 담갔다가 건진다.
2 연근은 껍질을 벗기고 얇게 썰어 2~4등분하여 식초물에 담갔다가 건진다.
3 팬에 포도씨오일를 두르고 마늘을 볶아 향을 낸 후 우엉과 연근을 넣고 볶는다.
4 우엉과 연근이 투명해지면 당근과 볶음양념을 넣고 간이 충분히 배게 고루 섞는다.
5 간이 배면 다시마물을 붓고 자글자글 조린 후 참기름을 살짝 두른다.
6 그릇에 밥을 담고 5의 볶음을 올린 뒤 송송 썬 쪽파와 통깨를 뿌려 완성한다.

 우엉, 당근은 돌려 깎아 사용
우엉과 당근을 돌려 깎으면 질감이 부드러워 오랜 시간 조리지 않고 단시간만 볶아도 간이 잘 배고 맛이 좋다.

재료

쌀 ····················· 1과 1/4컵
고구마 ················· 1개
단호박 ················· 1/8개
흑임자 ················· 1큰술
물 ····················· 1과 1/2컵

비빔된장

다시마 물 ·············· 1컵
다진 양파 ·············· 4큰술
된장 ··················· 2큰술
다진 표고 ·············· 1큰술
다진 애호박 ············ 1큰술
깨소금 ················· 1큰술
참기름 ················· 1큰술
다진 마늘 ·············· 1/2큰술

1 쌀은 씻어서 30분쯤 불린 뒤 체에 밭쳐 물기를 뺀다.
2 고구마는 솔로 문질러 씻은 다음 껍질째 사방 1센티미터 크기의 주사위 모양으로 썰어 놓는다.
3 단호박은 씨를 제거하고 껍질을 대충 벗겨 사방 1.5센티미터 정도 크기로 썬다.
4 불린 쌀과 고구마, 단호박, 흑임자를 고루 섞어 솥에 넣고 물을 부어 밥을 짓는다.
5 냄비나 팬에 비빔된장 재료를 넣고 자글자글 끓여 되직한 농도가 되면 밥과 곁들여 낸다.

🌿 **단호박은 나중에 넣어 익히기**

단호박이 고구마보다 더 빨리 물러지므로 고구마보다 조금 크게 썰어도 좋다. 전기밥솥이 아닌 솥에 밥을 지을 때는 고구마를 먼저 넣어야 하지만 단호박은 잘게 썰어 뜸 들이기 직전에 올려도 된다.

단호박고구마밥

단호박과 고구마는 카로틴이 풍부한 채소이다. 카로틴은 눈과 피부의 점막을 지켜 주어 눈의 피로를 풀고 피부를 건강하게 유지해 주는 작용을 한다. 또한 섬유질이 풍부하고 소화를 촉진해 변비로 고생하는 사람들에게 좋은 식재료이다. 단호박과 고구마를 섞어 밥을 짓고 된장에 비벼 먹으면 아이들도 좋아하는 채식밥 한 그릇이 완성된다.

유부시래기밥

무는 주로 뿌리를 먹는 식재료이지만 무의 영양은 무청에 더 많이 들어 있다. '봄날의 기운은 쑥에 있고 가을날의 기운은 무청에 있다' 는 속담이 있을 정도인데 그 속담에 걸맞게 딸기보다 많은 양의 비타민C와 당근의 두 배에 달하는 비타민A를 함유하고 있다. 무청의 영양이 가장 좋을 때 말려 놓은 시래기는 일 년 내내 무청의 영양을 섭취할 수 있는 건강 식재료이다. 여기에 단백질이 풍부한 유부를 곁들이면 궁합 맞는 영양밥 한 그릇이 만들어진다.

재료

쌀 …………………… 1과 1/4컵
유부 …………………… 2장
불린 시래기 …………… 100g
참기름 ………………… 2작은술
국간장 ………………… 1작은술
물 ……………………… 1컵

양념장

간장 …………………… 2큰술
참기름 ………………… 1큰술
고춧가루 ……………… 1작은술
깨소금 ………………… 1작은술

1 쌀은 잘 씻어 30분 정도 불려 체에 밭친다.
2 유부는 끓는 물에 데쳐 꼭 짠 후 시래기 두께로 채 썬다.
3 불린 시래기는 여러 번 씻어 물을 꼭 짠 후 5센티미터 길이로 썬다.
4 냄비에 참기름을 두르고 시래기와 국간장을 넣은 다음 달달 볶는다.
5 시래기가 살짝 숨이 죽으면 유부를 넣고 볶은 후 쌀을 넣고 살짝 볶는다.
6 쌀과 시래기, 유부를 고루 섞은 후 물을 부어 밥을 짓는다.
7 밥이 다 지어지면 분량의 재료로 양념장을 만들어 곁들여 낸다.

 유부는 기름을 제거하고 사용

유부는 끓는 물에 데친 뒤 사용해야 기름이 뜨지 않고 느끼한 맛이 없다.
또한 시래기를 볶은 후 밥을 지어야 질긴 느낌이 없고 부드럽다.

재료

멥쌀	1컵
찹쌀	1/2컵
연근	1/2개
밤	2개
은행	1큰술
대추	2개
물	1과 1/2컵
소금	약간
연잎	1장

1 멥쌀과 찹쌀은 잘 씻어 물에 1~2시간 불린 후 체에 밭쳐 준비한다.
2 연근과 밤은 껍질을 벗겨 깍둑썰기한다. 은행은 끓는 물에 데쳐 껍질을 벗기고 대추는 돌려 깎아 굵직하게 채 썬다.
3 솥에 쌀과 연근, 밤, 은행, 대추를 고루 섞어 넣고 밥을 짓는다.
4 3의 밥에 소금물을 조금씩 섞어 간을 맞추고 6~8등분한 연잎에 네모지게 싼다.
5 김이 오른 찜통에 쌈밥을 안치고 30분에서 1시간 정도 쪄 완성한다.

 밥은 쪄 낸 후 이용
밥을 한 후 쪄 내야 설익지 않은 연잎 향이 고루 스며든 연잎밥이 완성된다. 잘 상하지 않으므로 여름 도시락 메뉴로도 안성맞춤이다.

연근연잎쌈밥

연근의 점액 성분은 위와 장을 건강하게 하는 작용을 한다. 또한 당뇨와 출혈, 궤양 등의 치료에 효과가 있으며 혈액을 정화하고 순환시키는 데도 좋다. 연잎은 사찰에서 차로 많이 우려 마시던 식재료인데 철분과 비타민 B군, 단백질 등이 풍부하고 특유의 향이 방부 작용을 하여 연잎으로 밥이나 음식을 싸 두면 잘 변하지 않는다.

무말랭이취영양밥

무말랭이는 수분이 많은 무의 저장성을 좋게 하기 위해 말려 만든 식재료이다. 햇볕을 받은 무는 수분이 증발해 영양소가 농축되고 쫄깃하게 씹히는 맛까지 덤으로 얻게 된다. 가을, 겨울, 무가 달 때 직접 만드는 것이 가장 좋지만 여의치 않을 때는 전기 건조된 제품보다는 자연 건조된 것을 고르도록 한다. 말린 무와 말린 취를 섞어 밥을 지으면 씹는 맛이 더욱 좋은 영양밥이 완성된다.

재료
쌀 ····················· 1과 1/4컵
무말랭이 ················ 25g
생강즙 ·················· 약간
말린 취 ················· 25g

나물 밑간
들기름 ················· 1/2큰술
국간장 ················· 1작은술
소금 ··················· 약간

양념장
송송 썬 쪽파 ············ 2대
간장 ··················· 2큰술
들기름 ················· 1큰술
깨소금 ················· 1작은술

1 쌀은 잘 씻어 물에 30분쯤 불린 후 체에 밭친다.
2 무말랭이는 생강즙을 섞은 미지근한 물에 30분쯤 불린 뒤 꼭 짠다.
3 취는 찬물에 담가 불린 후 끓는 물에 부드럽게 데친 다음 잘 헹궈 한입 크기로 썰고 물기를 꼭 짠다.
4 손질한 무말랭이와 취에 나물 밑간 양념을 넣고 무친다.
5 쌀을 냄비에 담고 양념한 무말랭이와 취나물을 올린 후 밥을 짓는다.
6 밥을 그릇에 담고 양념장을 만들어 곁들여 낸다.

 나물 특유의 냄새를 없애려면
나물에 간을 하여 밥을 지으면 말린 나물 특유의 냄새가 나지 않고 고소한 맛이 강해진다.
기호에 따라 들기름 대신 참기름을 사용해도 좋다.

재료

율무	1/2컵
물	5~6컵
쌀	1/2컵
마	6센티미터
소금	약간

1 율무와 쌀은 잘 씻어 반나절 정도 불렸다가 각각 물 1컵과 함께 믹서에 넣고 입자가 보일 정도로 간다.
2 마는 껍질을 벗겨 씻은 후 사방 1센티미터 미만의 정사각형으로 썬다.
3 냄비에 간 율무와 쌀을 고루 섞은 다음 물 3~4컵을 넣고 한 번씩 저어 가며 끓인다.
4 걸쭉해지기 시작하면 마를 넣고 한소끔 끓인다.
5 마가 부드럽게 익고 농도가 맞으면 소금으로 간을 맞추어 낸다.

마는 걸쭉해진 후에 넣어 농도 조절
기호에 따라 율무와 쌀의 크기를 조절하여 갈아도 된다. 마를 너무 빨리 넣으면 마가 물러서 씹는 질감이 좋지 않고 죽이 지저분해지므로, 쌀과 율무가 어느 정도 걸쭉해진 후 넣도록 한다.

마율무죽

마는 땀을 많이 흘릴 때나 속이 편하지 않을 때, 정력이 감퇴하는 현상(조루, 몽정, 요실금)을 보일 때, 기력이 많이 떨어졌을 때 좋은 식품으로 고혈압, 당뇨, 비만, 폐 기능 강화에 효과가 있다. 율무는 비장을 튼튼하게 하고 위와 폐를 좋게 하는 식품으로 진통, 소염 작용을 하고 노폐물을 체외로 배출하는 기능도 탁월하다. 율무와 마를 함께 먹으면 기력이 떨어지는 장마철에 몸 안의 습기를 몰아내고 힘을 주는 보양식이 된다.

하수오호두흑임자죽

기력 회복에 좋은 흑임자죽에 신장 기능을 돕고 장을 보하는 호두와 하수오 약액을 사용하여 죽을 쑤면 강장 작용이 있는 약죽을 만들 수 있다. 약초는 잘 씻어서 한 번 끓여 낸 다음 우러서 사용하는 것이 좋다.

1 하수오를 깨끗이 씻어 물과 함께 내열 유리 냄비에 담고 중간 불로 30분 정도 끓인 다음 체에 걸러 약액을 만든다.
2 쌀은 잘 씻어 1시간 정도 불렸다가 믹서에 하수오 달인 물 2컵과 함께 넣고 곱게 갈아 체에 밭친다.
3 흑임자는 하수오 달인 물 1컵을 넣고 믹서에 곱게 갈아 체에 밭친다.
4 호두는 따뜻한 물에 불려 껍질을 벗기고 하수오 달인 물 1컵을 넣고 입자가 약간 씹힐 정도로 간다.
5 냄비에 2의 체에 내린 쌀물과 남은 물을 붓고 주걱으로 저어 가며 끓인다.
6 끓어오르면 불을 줄이고 흑임자와 호두 간 것을 조금씩 넣어 가며 멍울이 지지 않게 끓여 낸다.
7 뜨거울 때 그릇에 담고 소금을 곁들여 낸다.

재료

하수오	2~3조각
물	8컵
쌀	3/4컵
하수오 달인 물	4컵
흑임자	1/2컵
호두	1/2컵
소금	약간

 약초는 은근하게 끓여 약효가 우러나게

약초를 끓일 때는 불을 너무 세게 하지 말고 중간 불 정도에서 도기나 유리 냄비에 넣고 끓여야 약효가 충분히 우러난다.

재료

쌀 ·················· 1/2컵
흰콩 ················ 1/2컵
물 ·················· 6컵
대추 ················ 8알
소금 ················ 약간

1 쌀은 씻어 1~2시간 불려 체에 밭치고 흰콩은 잘 씻어 5시간 정도 불린다.
2 냄비에 불린 콩을 담고 콩이 잠길 정도의 물을 부은 다음 비린내가 가실 정도로 15분 정도 삶는다.
3 믹서에 삶은 콩을 넣고 물 3컵을 부어 곱게 갈아 체에 밭친다.
4 대추는 돌려 깎아 살만 곱게 다진다.
5 냄비에 불린 쌀을 담고 남은 물을 부어 쌀알이 반쯤 퍼질 때까지 끓인다.
6 쌀알이 퍼지면 3의 콩물을 부어 끓인다. 죽이 걸쭉해지면 대추를 넣고 더 끓이다가 소금으로 간한다.

 콩은 짧게 삶아 군내 나지 않게
콩은 껍질을 벗겨 내고 갈거나 곱게 갈아 체에 거른 후 넣어야 죽이 깔깔하지 않고 부드럽다.
콩을 삶을 때 15분 이상 삶으면 메주 냄새가 나므로 주의한다. 대추의 단맛이 좋다면 기호에 따라 넉넉히 넣어도 좋다.

대추콩죽

'대추를 보고도 안 먹으면 늙는다', '양반 대추 한 개가 하루 해장', '강삼이조(薑三棗二 : 생강 세 쪽 대추 두 쪽)' 등 여러 가지 속담을 가지고 있는 대추는 부작용이 거의 없고 부담 없는 단맛을 가진 식재료다. 불면증과 신경 쇠약, 위장병, 빈혈, 소변 불통, 구토 등의 치료에 두루 쓰이며 특히 부인병이나 노화 방지, 냉증 치료 등에 효능이 있어 여자에게 좋다. 콩과 함께 죽을 쑤어 내면 자연스러운 단맛이 구미를 당긴다.

보리두유죽

보리는 추운 겨울 동안 자라기 때문에 다른 작물에 비해 병충해가 심하지 않아 농약을 거의 사용하지 않는 친환경 작물이다. 보리의 풍부한 섬유질은 만복감을 주어 과식을 예방하고 대장의 운동을 촉진시켜 변비를 예방하기 때문에 다이어트에 효과적이다. 특히 비타민 B군이 풍부하여 백미만 먹는 사람들이 비타민 B군을 섭취할 수 있는 주요 공급원이다. 두유와 함께 죽을 쑤면 부드럽고 고소한 맛까지 첨가된 건강 죽이 완성된다.

재료
찹쌀보리 ·················· 3/4컵
물 ······················· 3컵
쌀 ······················· 1/3컵
잣 ······················· 1/4컵
두유 ····················· 3컵
소금 ····················· 약간

1. 찹쌀보리는 잘 씻어 3시간 정도 불렸다가 물 2컵과 믹서에 넣고 곱게 간다.
2. 쌀은 잘 씻어 1시간 정도 불린 후 물 1컵과 잣을 넣고 믹서에 곱게 간다.
3. 냄비에 1의 보리 간 것과 2의 쌀과 잣 간 것을 넣고 죽을 쑨다.
4. 걸쭉해지기 시작하면 두유를 붓고 계속 끓인다. 죽이 충분히 걸쭉해지면 소금으로 간을 한다.

 두유는 잠깐 끓여 고소하게
두유를 너무 일찍 넣으면 고소한 맛이 감소한다. 보리와 쌀이 걸쭉해지기 시작할 때 두유를 넣고 조금 더 끓여 내는 것이 좋다.

재료
쌀 ····················· 1컵
불린 표고버섯 ············ 5장
물 ····················· 6컵
국간장 혹은 소금 ········· 약간

표고버섯양념
국간장 ················ 1/2큰술
다진 파 ················ 1작은술
다진 마늘 ··············· 1작은술
참기름 ················ 1작은술
깨소금 ··················· 약간

1 쌀은 잘 씻어 2시간 정도 불린 후 물 2컵과 믹서에 넣고 입자가 보이도록 갈아 건지와 앙금물을 분리한다.
2 표고버섯은 물기를 꼭 짠 후 곱게 채 썰어 분량의 양념으로 밑간한다.
3 2를 냄비에 넣고 볶다가 노릇해지면 쌀건지를 넣고 더 볶는다.
4 쌀이 투명해지면 남은 물을 붓고 중간 불 정도에서 가끔씩 저어 가며 끓인다.
5 죽이 걸쭉해지면 체에 밭친 앙금물을 넣고 쌀이 충분히 퍼지게 끓인 후 국간장이나 소금을 곁들여 낸다.

죽, 타지 않게 끓이려면
쌀은 입자가 충분히 씹히도록 굵직하게 갈아야 버섯의 씹히는 질감과 어울려 좋다. 앙금이 많으면 쌀이 퍼지기 전에 타기 쉬우므로 앙금물은 죽이 충분히 걸쭉해지면 넣는다.

표고장국죽

전통적인 장국죽은 쌀과 쇠고기를 간장으로 간해 볶다가 물을 붓고 끓이거나 고기 우린 장국에 쌀을 넣고 끓인 죽을 말한다. 채식 장국죽은 고기 대신 표고버섯을 사용하므로 감칠맛이 더 나고 소화도 더 잘되며 다이어트와 변비에 효과적이다.

친환경생활수기공모전 수상작 | 이진숙

옥수수와 함께 익어 가는 삶

시골에서 살던 어린 시절, 여름이면 옥수수 대와 단물이 줄줄 흐르는 수수 대를 아이스크림처럼 먹었다. 그게 어찌나 맛있던지 껍질을 벗기느라 손가락이 베이고 급하게 먹느라 입술이 베어 피가 뚝뚝 떨어져도 아랑곳하지 않았다. 그 달짝지근한 속대를 씹고 있으면 아픈 상처쯤은 까맣게 잊을 수 있었다.

그렇지만 요즘은 시골에서 자라는 아이들도 가까운 자연에서 간식을 찾지 않고 이내 슈퍼나 상점으로 달려간다. 텔레비전 광고에 나오는 과자와 아이들의 눈길을 끌기 위해 공장에서 만들어 낸 먹을거리들이 기다리고 있기 때문이다. 요즘 아이들은 집 앞 마당에 주렁주렁 열린 탐스러운 토마토와 오밀조밀 방울토마토, 상큼한 자두나무나 살구나무에 한 아름 달린 잘 익은 열매들은 눈에 차지 않나 보다. 오직 과자, 아이스크림, 사탕뿐인 아이들은 공장 측에서 몸에 나쁜 재료로 오직 입에만 달게 만들어 낸 먹을거리의 유혹에 빠져 있다. 철마다 자연이 선사하는 싱싱한 먹을거리의 참맛을 잘 모르는 모양이다.

아이들이 맛난 과일이나 채소가 아니라 아이스크림과 햄버거를 들고 다니며 먹는 것을 볼 때마다

안타깝다. '저 아이들이 시골 생활을 하면서 아름다운 추억으로 남아야 할 귀한 체험을 놓치며 자라는구나' 하는 생각이 들 정도다. 자연을 벗 삼아 뛰놀고 자연이 주는 것들을 먹으면 즐겁게 살 수 있는데 요즘 아이들은 인스턴트 음식에 길들여진 채 컴퓨터와 놀고 있으니 걱정스러운 마음이 앞선다.

자연이 선사하는 풍부한 간식

1970년대 이전에 시골에서 아동기를 지낸 이라면 누구나 옥수수 줄기에서 단 물이 나온다는 것쯤은 알고 있을 것이다. 그 시절 시골 아이들은 계절에 따른 간식거리를 자연에서 찾았기 때문이다. 먹을 것이 귀했던 시절, 자연은 그야말로 아이들의 보물창고였다. 집 밖에 나와 조금만 둘러보면 먹을 것 천지였으니 말이다. 물론 지금 아이들 눈으로 보면 하나도 안 보이겠지만 그 시절의 아이들은 달랐다.

산이나 들로 다니며 봄에는 삐기(식물인 띠 뿌리의 어린 이삭)를 뽑아 먹거나 그것의 뿌리를 캐내어 입고 있는 옷에 쓱쓱 문지르고 흙을 대충 털어 낸 후 씹어 먹으며 단맛을 즐겼다. 어린 싱아 이파리와 줄기를 꺾어 먹으며 입안 가득 고이는 신맛을 즐기는 것도 봄의 유희 중 하나였다. 여름이면 모깃불에 껍질째 옥수수나 감자를 구워 입가가 까매지도록 먹었다. 때로는 방아깨비를 잡아다 구워 먹으며 즐거워하기도 했다. 과일이 풍성하게 열리는 가을에는 산에서 밤을 주워 먹었고, 겨울에는 뜨끈뜨끈한 아랫목에 들어 앉아 꼬들꼬들한 곶감을 씹으며 행복감을 맛보기도 했다. 특히 옥수수를 좋아했던 나는 예나 지금이나 여름이면 옥수수부터 들여다 쪄먹는다. 그 덕인지 옥수수를 맛있게 찌는 방법도 터득할 수 있었다.

옥수수 맛있게 찌는 법

옥수수는 쫀득한 찰옥수수와 찰기 없이 노란 메옥수수로 나뉜다. 개인적으로는 메옥수수보다 찰옥수수를 좋아한다. 그리고 소금이나 설탕을 넣지 않은 자연의 맛 그대로를 더 좋아한다. 옥수수의 맛은 찌는 방법에 따라 차이가 난다.

대부분의 사람들이 옥수수의 겉껍질을 벗겨 내고 물에 소금이나 설탕, 혹은 인공 감미료를 넣어 푹 삶아 익힌다. 그러나 옥수수의 참맛을 내기위해서

는 밭에서 따 온 즉시 겉껍질과 함께 떡 찌듯 쪄 내야 한다. 옥수수는 밭에서 따고 나서 시간이 흐를수록 맛이 점점 떨어진다. 아침에 딴 것을 그날 저녁에 찌면 즉시 쪘을 때보다 맛이 현저히 떨어진다. 그리고 겉껍질을 벗기고 찐 것과 껍질째 찐 것의 맛도 확실히 차이난다. 소금이나 설탕을 넣지 않고도 간을 딱 맞출 수 있는 껍질째 찌는 방법을 소개한다.

우선 밭에서 옥수수를 따 온다. 마트나 시장에서 사 온 것도 괜찮지만 역시 밭에서 바로 수확한 것이 맛있다. 수확 후 마트나 시장까지 운송하는 과정에서 시간이 걸리기 때문이다. 구해 온 겉껍질은 그대로 두고 흙만 씻어 준비한다. 옥수수를 준비했으면 솥에 적당량의 물을 붓고 찜 판을 깐 다음 옥수수를 나란히 겹쳐 가며 올려놓는다. 시골이라면 아궁이, 도시라면 가스 불을 켠다. 찜통에서 김이 올라오면 10분 정도 두었다가 불을 끄고 20분 이상 뜸을 들인 다음 뚜껑을 열어 꺼내 먹는다. 압력솥에 찔 때는 압력추 소리가 3분 정도 난 후에 불을 끄고 압력을 뺀 다음 꺼내면 된다. 옥수수를 직접 수확할 수 있는 이들에게 귀띔. 큰 솥에 찔 때 솥이 너무 커서 맞는 찜 판이 없다면 옥수수 대를 적당한 길이로 잘라 솥 안에 걸쳐 놓은 다음 그 위에 옥수수를 올려놓고 찌면 맛이 더 좋다.

음식은 자연에 최대한 가깝게

이 요리법의 포인트는 '될 수 있으면 바로 수확한 옥수수'를 '껍질째 찌는' 것이다. 옥수수는 뿌리를 포함하여 줄기와 이파리, 그리고 열매를 감싼 껍질까지 단맛을 가지고 있다. 그래서 껍질을 벗기지 않고 찔 때 훨씬 더 달콤한 맛이 난다.

의외로 이렇게 쪄 먹는 사람이 많지 않은지, 가끔 내가 찐 옥수수를 먹고 아무것도 안 넣었는데 정말 맛있다며 어떻게 만드는지 가르쳐 달라는 사람이 있다. 별것 아닌데 추켜세우니 민망하기도 하고 멋쩍기도 하지만 나름대로 열심히 옥수수 찌는 법을 설명하면 듣는 사람들이 모두 꼭 그렇게 만들어보겠다며 다짐을 하곤 한다. 그럴 때마다 요즘 사람들이 얼마나 인공 감미료, 인스턴트에 의존해서 사는지를 깨닫는다.

사람의 입맛은 참 간사하다. 기름지고 달콤한 것을 맛보면 한도 끝도 없이 그런 음식만 탐한다. 그러다 보면 자연의 오묘한 맛은 모두 잊고 유아적인 달콤함만 좇게 된다. 나가서 먹는 음식에 익숙해지면 집에서 하는 음식에도 화학조미료를 많이 넣는다. 그저 싱싱한 과일 하나면 충분한데 굳이 그 위에 설탕을 뿌려 먹기도 한다. 하지만 이런 습관은 종국에는 자신의 목을 죄어 올 뿐이다. 세상 모든 것이 그렇지만, 특히 음식은 자연이 준 그대로, 조리법도 최소화해서 내는 것이 정답이다. 그렇게 해도 맛있다. 아니, 그렇게 해야 제대로 된 음식의 맛을 느낄 수 있다.

| 이 글은 「살림로하스」 시리즈 출간을 기념하여 살림출판사와 녹색연합, 한살림, 예장생협, 무공이네, 마이클럽이 공동으로 주최한 2009년 「친환경생활수기공모전」의 수상작입니다.

CHAPTER 05

온 가족이 즐기는
별미채식 한 그릇

채식을 싫어하는 사람들이 말하는 채식의 단점은
맛이 없고 메뉴가 다양하지 않다는 것이다.
하지만 요리 방법에 따라 채식 식단에도 여러 가지 맛과 모양을 낼 수 있다.
채식 요리에 어울리는 소스 등 몇 가지 맛내기 비법을 알아 두었다가
손님이 오는 날, 온 가족이 모이는 날, 뭔가 특별한 것을 먹고 싶을 때
별미채식 한 그릇을 만들어 보자.

양배추감자로스티

로스티는 우리나라의 감자전과 비슷한 스위스의 가정 요리이다. 베이컨과 치즈 등을 다져 넣은 로스티는 브런치로 많이 먹는 메뉴지만 채식 로스티는 양배추와 감자를 곱게 채 썰어 소금에 절였다가 채소 자체의 점성으로 고소하게 부쳐 내므로 단품으로 먹어도 좋고 샐러드나 수프를 추가해 별미 요리로 차려 내어도 좋다.

재료

양배추 잎(1/4통 크기)	6장
소금	1작은술
감자(큰 것)	1개
양파	1/4개
부추	10줄기
후추	약간
올리브오일	2~3큰술

1 양배추는 곱게 채 썰어 찬물에 담갔다가 건진 후 소금 1/2작은술을 뿌려 10분 정도 둔다.
2 감자는 껍질을 벗기고 채칼로 곱게 채 썰어 소금 1/2작은술을 뿌려 15분 정도 둔다.
3 양파는 곱게 채 썰고 부추는 잘 씻어 송송 썬다.
4 1의 양배추와 2의 감자를 키친타월이나 면포로 눌러 수분을 제거한다.
5 볼에 4를 담고 양파와 부추, 후추를 넣어 고루 섞는다.
6 달군 팬에 올리브오일을 두르고 5를 손바닥 크기로 떠서 올린 후 노릇노릇하게 구워 완성한다.

 반죽의 농도는 되직하게
양배추와 감자가 익으면 농도가 질어지므로 처음에는 반죽의 농도를 약간 되직하게 하는 것이 좋다. 양배추와 감자의 수분을 덜 제거해 조금 질다면 밀가루를 살짝 섞어도 좋다.

재료
- 새송이버섯 ········· 1개
- 가지 ················· 1개
- 올리브오일 ········· 2큰술
- 소금 ················· 약간
- 통후추 ·············· 약간
- 양파 ················· 1/4개
- 마늘 ················· 1톨
- 쪽파 ················· 2대
- 대파 ················· 1/2대

스테이크소스
- 다시마물 ··········· 4큰술
- 간장 ················· 2큰술
- 매실청 ·············· 1큰술
- 청주 ················· 1큰술
- 생강즙 ·············· 1작은술
- 유기농 설탕 ········ 1/2작은술

1. 새송이버섯은 밑동을 자르고 반으로 가른 후 갓과 기둥 바닥을 잘라 평평하게 다듬는다.
2. 가지는 꼭지와 가지 부분을 잘라 내고 길이로 자른 후 4~6등분한다.
3. 새송이버섯과 가지에 올리브오일, 소금, 통후추를 넣고 살짝 버무려 둔다.
4. 양파와 마늘은 굵직하게 다지고 쪽파는 잘게 썬다. 대파는 흰 대만 곱게 채 썰어 찬물에 담갔다 건진다.
5. 달군 팬에 3의 새송이버섯과 가지를 올려 노릇하게 굽는다.
6. 새송이버섯과 가지를 구워 낸 팬에 다진 양파와 마늘을 볶아 향을 낸다.
7. 6의 팬에 준비한 스테이크소스 재료를 넣고 자글자글 끓인다.
8. 접시에 새송이버섯과 가지를 담고 스테이크소스를 뿌린 뒤 대파와 쪽파를 뿌려 마무리한다.

새송이와 가지는 밑간하여 쫄깃하게
새송이와 가지에 미리 밑간을 하면 쫄깃한 맛이 더 살아나고 소스와 잘 어울린다. 또한 기름을 많이 흡수하는 가지와 버섯의 기름 흡수량을 줄일 수 있다.

새송이&가지스테이크

불 기운이 살짝 어린 고기를 씹는 즐거움은 채식을 선택한 사람이라면 피할 수 없는 유혹이다. 쫄깃한 맛이 좋은 새송이버섯과 부드러운 가지는 불에 구우면 고기의 식감과 비슷한 느낌을 주는데 여기에 입맛 살리는 소스를 곁들여 먹으면 몸이 가벼워지는 청정 스테이크 요리가 된다.

연근두부볼스파게티

미트볼스파게티는 동그란 미트볼을 먹는 재미 때문인지 아이들이 좋아하는 별미 메뉴 중 하나이다. 연근을 강판에 갈아 고기의 쫀득함을 살리고 두부를 으깨어 고기의 질감을 재현한 연근두부볼을 넣고 홈메이드 토마토소스를 곁들여 스파게티를 만들면 아이들도 좋아하는 채식스파게티 요리가 된다.

재료

올리브오일	1큰술
양파	1/4개
다진 마늘	1작은술
토마토소스	1컵
유기농 설탕	약간
표고버섯육수	1컵
소금	약간
후추	약간
스파게티면	150g
파슬리가루	약간

연근두부볼

연근	1/2개
두부	1/2모
양파	1/4개
양송이	1개
빵가루	3큰술
소금	약간
후추	약간
밀가루	약간
올리브오일	약간

1. 연근은 강판에 갈고 두부는 칼등으로 으깬 후 고루 섞어 면포로 곱게 짠다.
2. 양파와 양송이는 곱게 다져 기름을 두르지 않은 팬에 고슬고슬하게 볶아 식힌다.
3. 볼에 1의 연근과 두부, 2의 양파와 양송이, 빵가루, 소금, 후추를 넣고 골고루 치댄다.
4. 3의 반죽으로 지름 2.5센티미터 정도의 경단을 만들어 밀가루에 굴린 후 올리브오일을 두른 팬에 노릇하게 지져 연근두부볼을 만든다.
5. 팬에 올리브오일을 두르고 다진 양파와 다진 마늘을 볶아 향을 낸 후 토마토소스와 설탕을 넣는다.
6. 5가 끓으면 표고버섯육수를 넣고 적당한 농도가 나게 조려 소금, 후추로 간을 맞춘다.
7. 스파게티면은 봉지 겉면에 표시된 대로 삶아 체에 건진다.
8. 소스가 졸면 미트볼을 넣고 버무린 후 스파게티면을 넣고 고루 섞어 파슬리가루를 살짝 뿌려 낸다.

 연근두부볼은 수분을 빼 갈라지지 않게
연근과 두부의 수분은 적당히 제거해야 볼이 갈라지지 않고 잘 만들어진다. 연근 대신 마를 넣어도 쫄깃한 채식미트볼을 만들 수 있다.

재료

단단한 두부	1모
올리브오일	2큰술
소금	약간
후추	약간
숙주	1과 1/2줌
무순	약간

된장소스

표고버섯육수	4큰술
된장	3큰술
청주	2큰술
깨소금	1큰술
설탕	1큰술

1 두부는 키친타월이나 면포에 싸서 물기를 제거한 후 일정한 두께로 옆면에 칼집을 넣고 자른다.
2 냄비에 된장소스 재료를 모두 넣고 끓여 되직한 농도를 낸다.
3 달군 팬에 올리브오일을 두르고 소금, 후추로 간하여 두부를 노릇하게 구워 낸다.
4 두부를 구워 낸 팬에 숙주를 넣고 소금, 후추로 간하여 볶다가 무순을 넣고 불을 끈다.
5 두부 위에 숙주와 무순을 올리고 소스를 뿌려 낸다.

 **두부와 숙주는 밑간해 사용**
두부나 숙주는 수분이 많고 담백해 밑간을 하지 않으면 된장소스를 아무리 뿌려도 싱겁게 느껴지므로 너무 짜지 않게 밑간하여 조리하는 것이 좋다.

두부숙주된장스테이크

두부의 수분을 제거하면 두부가 탄탄해지면서 고소한 맛이 더욱 증가한다. 수분이 빠진 두부는 소금, 후추 간만 하여 구워 먹거나 간장에 찍어 먹기만 해도 한 끼 반찬으로 좋다. 고소한 두부를 해독 기능이 좋은 숙주와 곁들여 스테이크처럼 먹으면 별미 요리가 완성된다.

잡곡밥채소그라탕

아이들은 몸에 좋은 것은 어쩌면 그리도 잘 알아서 안 먹는지 아이를 키우는 엄마라면 한 번쯤 경험하게 된다. 그럴 때는 좋아하는 재료와 싫어하는 재료를 적절히 섞되 싫어하는 재료의 모양이 안 보이게 하면 된다. 치즈 풍미의 두부크림이 채소와 잡곡밥을 덮어 보이지 않게 만드는 이 요리도 채식이나 혼식을 싫어하는 아이에게 권해 볼 만한 요리이다.

재료

애호박	1/4개
가지	1/4개
노란 파프리카	1/4개
양파	1/4개
청피망	1/4개
홍피망	1/4개
소금	약간
후추	약간
올리브오일	약간
오곡밥	2공기
두부치즈	1컵

그라탕소스

올리브오일	2큰술
우리밀백밀가루	2큰술
두유	1과 1/2컵
소금	약간
후추	약간
토마토소스	1/4컵

1 애호박, 가지, 파프리카, 양파, 피망은 사방 1.5센티미터 크기로 잘라 소금, 후추로 밑간하여 올리브오일을 두른 팬에 각각 볶아 식힌다.
2 그라탕소스 중 올리브오일과 밀가루를 섞고 볶아 화이트 루를 만든다.
3 2에 따뜻하게 데운 두유를 조금씩 넣어 가며 풀고 1분 정도 끓인 후 소금, 후추로 간을 한다.
4 3을 3~4분 정도 끓인 후 토마토소스를 섞어 그라탕소스를 만든다.
5 그라탕 그릇에 오곡밥과 볶은 채소, 그라탕소스, 두부치즈를 두 켜 정도 반복해서 담는다.
6 220도로 예열된 오븐에 15분 정도 굽는다.

 채소는 미리 볶아 수분 제거

채소는 미리 볶아 넣어야 익으면서 물이 생기지 않는다. 화이트 루에는 데운 두유를 넣어야 뭉글거리지 않고 잘 풀린다.

청경채죽순찜

재료
청경채 ············· 2송이
죽순(통조림) ········· 1/2개
양파 ·············· 1/4개

고추기름소스
고추기름 ··········· 2큰술
간장 ·············· 1큰술
다진 파 ············ 1큰술
다진 마늘 ··········· 2작은술
소금 ·············· 약간
후추 ·············· 약간
통깨 ·············· 약간

1 청경채는 잘 씻어 밑동에 칼집을 넣고 2~4쪽으로 길게 가른다.
2 죽순은 끓는 물에 데쳐 석회질을 제거하고 빗살무늬를 살려 2~4등분한다.
3 양파는 곱게 채 썬다.
4 접시에 채 썬 양파를 깔고 청경채와 죽순을 돌려 담는다.
5 김이 오른 찜통에 4를 접시째 넣고 8~10분 정도 찐다.
6 팬에 고추기름소스 재료를 넣고 달달 볶아 향을 낸다.
7 따뜻한 청경채죽순찜 위에 고추기름소스를 끼얹고 꽃빵이나 밥을 곁들인다.

 청경채는 살짝 익혀서
청경채는 너무 익히면 채소 무른 냄새가 나므로 살짝만 익히는 것이 맛과 풍미가 좋다. 8분 정도 찐 후 뚜껑을 열고 남은 열로 익히면 색과 향은 변하지 않고 속까지 충분히 익는다

우리밀꽃빵

재료
우리밀백밀가루 ······· 1과 1/2컵
설탕 ·············· 2작은술
소금 ·············· 1/2작은술
이스트 ············· 2작은술
미지근한 물 ·········· 3/4컵
포도씨오일 ··········· 2큰술
설탕 ·············· 2큰술

1 볼에 밀가루와 설탕, 소금, 이스트를 넣고 고루 섞은 후 미지근한 물을 부어 차지게 반죽한다.
2 1의 반죽을 40분쯤 발효시킨 뒤 반으로 나누어 둥글게 뭉친 다음 중간 발효시킨다.
3 반죽을 넓은 직사각형 모양으로 밀어 포도씨오일과 설탕을 고루 바른 후 돌돌 말아 3센티미터 두께로 썬다.
4 젓가락으로 모양을 낸 후 40분쯤 두어 2차 발효시킨 뒤 김이 오른 찜통에 10분 정도 쪄 낸다.

 꽃빵의 결을 잘 살리려면
꽃빵을 만들 때 포도씨오일와 설탕을 고루 발라야 나중에 시판 꽃빵같이 결이 잘 뜯어진다. 기호에 따라 채소나 과일 다진 것을 섞어서 꽃빵을 만들어도 좋다.

청경채죽순찜과 우리밀꽃빵

수용성 성분이 많이 함유된 채소는 많은 양의 물에 데치는 조리법보다는 수증기에 살짝 찌거나 강한 불로 단시간에 볶는 요리가 적합하다. 찜 요리는 건강 요리법이기는 하나 양념이나 소스 등을 같이 넣고 찌면, 찌는 동안 양념이 흘러내려 싱거워지는 게 문제. 이럴 때는 재료를 찐 후 따뜻할 때 소스를 끼얹어 내거나 소스 뿌린 재료를 접시째 넣고 쪄서 상에 바로 올리는 것이 좋다.

두부콩나물딤섬

재료
콩나물 ···················· 50g
양파 ···················· 1/4개
두부 ···················· 1모
청태콩 ···················· 15개
녹말가루 ···················· 3큰술

밑간
간장 ···················· 1작은술
참기름 ···················· 1작은술
유기농 설탕 ············· 1/4작은술
소금 ···················· 약간
후추 ···················· 약간
생강즙 ···················· 약간

1 콩나물은 머리와 뿌리를 떼어 1센티미터 길이로 썰고 양파는 곱게 다진다.
2 두부는 곱게 으깨어 면포에 짜고 청태콩은 끓는 물에 살짝 데친다.
3 으깬 두부와 양파를 볼에 담고 밑간 재료를 넣어 고루 치댄다.
4 3의 반죽을 지름 3센티미터 크기의 볼 모양으로 만든다.
5 4에 녹말가루를 묻히고 1의 콩나물에 굴려 콩나물 옷을 입힌다.
6 청태콩을 꼭 눌러 박고 김이 오른 찜통에 10~12분 정도 쪄 낸다.

 콩은 두부볼 속으로 깊숙이
두부볼이 익으면 수축하면서 콩을 밀어내므로 깊숙이 박아 넣어야 찌고 나서도 빠지지 않는다. 청태콩 대신 완두콩을 사용해도 된다.

참나물차

재료
말린 참나물 ···················· 8g
물 ···················· 2컵

1 참나물은 시든 잎과 줄기를 제거하고 잘 씻어 소금을 넣은 끓는 물에 살짝 데친다.
2 데친 참나물은 재빨리 찬물에 헹구어 채반에 널고 바람이 잘 통하는 그늘에 말린다.
3 차 망에 말린 참나물을 넣고 뜨거운 물을 부어 우려낸다.

 채소나 꽃차는 데친 뒤 말려야
채소나 꽃, 약초 등으로 차를 만들 때는 살짝 데친 뒤 바람이 잘 통하는 그늘에서 말려야 빛깔이 곱게 살아난다.

두부콩나물딤섬과 참나물차

딤섬은 가벼운 점심이나 오후의 간식으로 잘 어울리는 메뉴이다. 콩나물의 아삭함과 두부의 부드러운 질감이 어우러진 딤섬과 은은한 향의 참나물차 한 잔은 나른한 오후를 활기차게 바꾸어 줄 비타민 메뉴가 될 것이다.

찐고구마호두맛탕과 사과계피차

가족들이 모두 모여 있는 주말 오후는 주부들의 손놀림이 분주해지는 시간.
식사 전후의 출출함을 메울 간식거리를 한두 가지 마련해야 하는데 영양가 풍부하고
단맛이 좋은 고구마는 찌거나 구워 내기만 해도 가족들의 출출함을 단숨에 없앨 수 있는 메뉴이다.
찐 고구마와 호두를 기름에 살짝 볶아 조청에 버무린 맛탕과 깔끔한 사과계피차 한 잔을
곁들여 내면 가족들의 주말 오후가 더욱 화기애애해질 것이다.

찐고구마호두맛탕

재료
고구마 ·················· 2~3개
호두 ····················· 6개
포도씨오일 ············· 6큰술
조청 ····················· 4큰술

1 고구마는 껍질째 잘 씻어 찜통에 찐 후 한입 크기로 세모나게 썬다.
2 호두는 끓는 물에 데쳐 쓴맛을 없애고 2~4등분한다.
3 팬에 포도씨오일를 넉넉히 두르고 1의 고구마를 노릇노릇하게 굽듯이 튀겨 낸다.
4 고구마가 익으면 호두를 넣고 재빨리 튀겨 낸다.
5 다른 팬에 조청을 넣고 약한 불로 자글자글 끓인다.
6 5에 고구마와 호두를 넣고 버무려 조청이 고루 묻으면 접시에 담아낸다.

 고구마는 살짝 쪄 부드럽게
고구마를 삶지 않고 살짝 쪄서 사용하면 표면은 바삭하고 속은 부드러운 맛탕이 된다. 한 번 익었기 때문에 기름 사용량도 줄일 수 있다. 조청은 오랜 시간 가열하면 시판 맛탕처럼 겉면이 딱딱해지니 주의한다.

사과계피차

재료
말린 사과 ·············· 5조각
계피 ····················· 1조각
물 ························ 2컵

1 사과는 껍질째 깨끗이 씻어 얇게 썬 후 설탕물에 잠깐 담갔다가 바람이 잘 통하는 그늘에서 말린다.
2 1의 사과 5조각과 계피 조각을 냄비에 담고 물을 부어 향이 우러나게 끓여 낸다.

 다양하게 즐기는 사과차
사과를 말리지 않고 설탕이나 꿀에 재웠다가 차로 마셔도 좋다. 말린 사과는 심심풀이 간식으로도 좋은데 차로 마실 경우 기호에 따라 설탕이나 꿀을 첨가한다.

카레향단호박잣수프

재료

단호박 ········· 1/2개
양파 ············ 1/2개
올리브오일 ····· 2큰술
카레가루 ······· 1작은술
물 ··············· 2컵
두유 ············ 2컵
소금 ············ 약간
후추 ············ 약간
잣 ··············· 3큰술

1 단호박은 씨와 껍질을 제거하고 큼직하게 깍둑썰기한다.
2 양파는 굵직하게 다진 후 속이 깊은 냄비에 올리브오일과 함께 넣고 타지 않게 주의하며 5분 정도 볶는다.
3 2에 단호박과 카레가루를 넣고 7~8분 정도 볶은 다음 물을 붓고 푹 끓인다.
4 단호박이 물러지면 한 김 식혔다가 믹서에 갈고 두유를 부어 걸쭉해지게 끓인 후 소금, 후추로 간한다.
5 잣은 고깔을 떼고 노릇하게 볶아 단호박수프 위에 듬뿍 뿌려 낸다.

 단호박은 볶아 영양 흡수율 높이기
단호박의 카로티노이드 성분은 지용성 식품과 함께 먹으면 흡수율이 높아진다. 올리브오일에 볶아 수프를 끓이면 지용성 영양 성분의 흡수를 높일 수 있다. 잣은 노르스름하게 볶아야 수프와 어울려 고소한 맛을 낸다.

통밀팬케이크

재료

우리밀통밀가루 ····· 1컵
베이킹파우더 ········ 1작은술
두유 ···················· 1컵
올리브오일 ············ 1큰술
유기농 설탕 ·········· 2큰술
다진 호두 ············· 1큰술
소금 ···················· 약간
부침용 올리브오일 ·· 1큰술
올리고당 ·············· 3큰술

1 통밀가루와 베이킹파우더를 제외한 모든 재료를 볼에 담고 한 방향으로 고루 젓는다.
2 통밀가루와 베이킹파우더를 섞어 체에 두세 번 내린 뒤 1에 가볍게 섞는다.
3 달군 팬에 올리브오일을 두른 후 닦아 내고 반죽을 한 국자씩 떠서 노릇하게 구워 올리고당을 곁들여 낸다.

 밀가루 반죽은 가볍게
밀가루를 넣고 반죽을 너무 휘저으면 글루텐이 생성되어 팬케이크가 질겨지므로 가볍게 섞는다.

카레향단호박잣수프와 통밀팬케이크

배고픈 사람들을 식탁으로 불러들이는 화사한 색감의 단호박은 중풍을 예방하고 부종과 비만에 효과가 좋으며 피부와 두뇌를 좋게 하는 성분이 함유된 건강 식재료이다.
소화흡수율도 높아 환자의 회복식이나 아이들의 건강식으로도 좋은데 살짝 볶은 잣을 섞어 고소한 맛을 높이고 구수한 통밀팬케이크를 곁들이면 나른한 주말의 브런치로 손색이 없다.

믿고 살 수 있는 친환경 매장

현재 국내 친환경 농산물의 인증은 국립농산물품질관리원에서 '저농약', '무농약', '전환기', '유기농' 네 종류로 구분하여 시행하고 있다. 저농약이란 유기합성농약과 화학비료는 기준 사용량의 2분의 1을 사용하되 제초제는 전혀 사용하지 않고 재배한 것을 말하며, 무농약이란 화학비료는 기준량의 3분의 1을 사용하되 유기합성농약과 제초제를 사용하지 않고 재배한 것을 말한다. 전환기란 무농약 재배를 시작한 후 유기농 인증을 받기 전까지 이행 기간 중 재배한 것을 말하고, 유기농이란 일정 기간 화학비료와 유기합성농약을 사용하지 않고 재배한 것으로 식품첨가물을 넣지 않고 유전자조작 식품이 아닌 것을 말한다. 이러한 상품을 파는 친환경 매장으로는 어떤 곳이 있는지 정리해 보았다.

● 생활협동조합

소비자가 조합원으로 가입하여 함께 운영하는 형태로 일정 출자금과 조합비를 납부해야 이용할 수 있다. 대부분 인터넷으로 주문할 수 있고 일주일에 1회 배송되므로 홈페이지를 참고한다. 곡물, 채소, 과일, 축산물, 장·양념 반찬 등의 기본 품목은 모든 생협이 비슷하지만 가공식품이나 생활용품 등은 생협마다 조금씩 다르다.

한살림
02-3498-3600 www.hansalim.or.kr
한살림은 한 집에서 살림하듯 더불어 살자는 뜻. 가입비와 출자금을 내고 조합원으로 가입하면 제품을 구입할 수 있다. 100퍼센트 국내산을 판매하는 것을 원칙으로 한다. 생명, 생태, 공동체를 기치로 한살림 운동을 전개한다.
- **매장** 서울·경기 11곳, 기타 지역 60곳
- **방법** 지역생협 조합원으로 가입한 뒤 출자금과 가입비 납부(지역마다 회원 가입 절차가 약간씩 다름)
- **배송** 지역매장별 주 1~2회 공급(주문 마감일 제도)
- **품목** 기본 품목 + 두부·어묵·묵 / 수산·건어물 / 떡·빵·잼 / 면·만두·피자 / 건강식품·꿀 / 차·음료·유제품 / 과자·빙과 / 화장품 / 생활용품

아이쿱생협(구. 한국생협연대)
1577-0178 www.icoop.or.kr
지역주민운동으로 출발한 부평생협을 모태로 1997년 경인지역생협연대를 출범한 뒤 현재 한국생협연구소를 비롯해 지역생협활동을 지원하기 위한 생협연합회와 유기농 도매시장을 운영한다.
- **매장** 매장 서울 8곳, 경기 16곳, 기타 지역 41곳
- **방법** 지역생협 조합원으로 가입한 뒤 출자금과 조합비 납부(지역마다 조합비와 가입 절차가 약간씩 다름)
- **배송** 날마다 오후 11시 주문 마감 뒤 3일 내 배송
- **품목** 기본 품목 + 신선 가공식품 + 차·음료 / 수산물 / 건재 간식거리 / 건강식품 / 면·만두 / 친환경생활용품

두레생협연합회
02-3283-7290 www.dure.coop

'생협수도권연합회'를 모태로 출발. 2004년 '지역생명운동'이라는 새로운 정체성을 확립하고 '두레생협'으로 개칭했다. 생산이력시스템을 갖추고 있어 각 상품의 생산지, 생산자, 생산과정을 확인할 수 있다.

- **매장** 서울 12곳, 경기 29곳
- **방법** 지역생협에 가입한 뒤 출자금과 가입비 납부
- **배송** 지역 매장별 주 1회 공급(주문 마감일 제도)
- **품목** 기본 품목 + 가공식품 / 일일식품 / 차·음료 / 건강식품 / 생활용품 / 여름 기획 / 수산·건어물

정농생협
02-404-6247 www.jungnong.com

농민들의 모임인 정농회가 기반이 되어 운영되는 생활협동조합. 우리나라 조직적 유기농법 실천의 첫 출발점. 기존 4단계 인증을 넘어 물품에 따라 6~8단계로 기준 설정(비닐 멀칭, 퇴비의 질, 질산염, 종자, 경력 등을 종합적으로 고려).

- **매장** 매장 서울 5곳
- **방법** 조합원으로 가입한 뒤 출자금과 가입비 납부(기본 교육 이수해야 함)
- **배송** 주 3회 공급(주문 마감일 제도)
- **품목** 기본 품목 + 두부·어묵 / 면·간식 / 가루음식·떡국 / 차·음료 / 건강보조식품 / 생활용품 / 화장품 / 천연염색 / 수산·건어물

콩세알을 심는 농부(풀무생협)
070-7764-9283 www.kongseal.com

6백여 명의 친환경 생산자가 주축이 되어 만든 온라인 유기농 유통매장. 오프라인 매장은 없다. 일반회원으로 가입한 뒤 이용할 수 있다. 생산지가 홍성군 홍동면 일대에 밀집되어 있다.

- **매장** 없음
- **방법** 일반회원으로 가입한 뒤 이용 가능
- **배송** 당일 오후 10시까지 입금 확인 뒤 2일 내 배송
- **품목** 기본 품목 + 가루식품 / 간식 / 면 / 차·음료 / 건강식품 / 환경생활용품

여성민우회생협
02-581-1675 www.minwoocoop.or.kr

한국여성민우회가 주체로 농업·환경·지역 살리기 활동을 펼쳐 왔다. 지역주민과 조합원을 대상으로 환경, 친환경 소비, 식품안전, 요리, 건강 등 강좌와 생산지 견학 및 요리, 노래, 책읽기, 영화, 생태목공 등 소모임, 생산자 1일 점장제, 여성생산자, 소비자 교류회 등을 운영한다.

- **매장** 서울·경기 12곳, 기타 지역 1곳
- **방법** 조합원으로 가입한 후 출자금과 가입비 납부
- **배송** 주 1회 공급(주문 마감일 제도)
- **품목** 기본 품목 + 우리밀제품 / 건강식품 / 환경생활용품 / 수산·건어물 / 차·음료

인드라망생협
02-576-1882 www.budcoop.com

도농 공동체운동을 통한 도시와 농촌의 친환경농산물 직거래를 구상하고 불교귀농학교를 수료한 동문들이 전국 각지에서 생산한 생산물을 공급한다.

- **매장** 전국 사찰 4곳
- **방법** 조합원으로 가입한 뒤 출자금과 가입비 납부
- **배송** 월요일 주문 마감 / 매주 목요일 발송
- **품목** 기본 품목 + 일일식품 / 간식 / 친환경생활용품 / 수산물 / 우리밀제품 / 건강식품

예장생협
02) 426-5801, 5803~4 www.yj-coop.or.kr

농촌과 도시, 자연과 인간이 함께 더불어 살아가는 건강한 세상을 이루기 위해 도시와 농촌의 크리스찬들이 손을 잡고 만든 생명공동체이다. 생활재를 받기 3일 전 오후 6시까지 인터넷이나 전화로 주문하면, 지역별로 편성된 공급요일에 배송된다.

- **매장** 없음
- **방법** 조합원으로 가입한 뒤 출자금 납부
- **배송** 주 1회 공급(서울 및 수도권), 지방은 택배
- **품목** 기본 품목 + 신선식품 / 일반 가공품 / 수산물생선류 / 생활용품 / 여름생활재 / 선물용생활재 / 급식용

가뿐하게 즐기는 자연
하루 한 끼, 채식 한 그릇

| 펴낸날 | 초판 1쇄 2010년 3월 30일 |
| | 초판 2쇄 2013년 6월 21일 |

지은이	김영빈
펴낸이	심만수
펴낸곳	㈜살림출판사
출판등록	1989년 11월 1일 제9-210호

주소	경기도 파주시 문발동 522-1
전화	031-955-1350 팩스 031-955-1355
홈페이지	http://www.sallimbooks.com
이메일	book@sallimbooks.com

ISBN 978-89-522-1379-2   13590

※ 값은 뒤표지에 있습니다.
※ 잘못 만들어진 책은 구입하신 서점에서 바꾸어 드립니다.